어린 왕자 일본어판

星の王子さま

日本語を学ぶあなたへ

子供だけが自分の行きたいところを知ってるんだね。

서문

　만약 여러분이 《어린 왕자》를 일본어로 읽을 수 있다면, 그 순간은 단순히 한 권의 책을 완독하는 일이 아니라, 새로운 세상으로 통하는 문이 열리는 특별한 경험이 될 것입니다. 활자 속에 담긴 감정과 풍경을 원어 그대로 느끼고, 작가가 의도한 섬세한 뉘앙스와 분위기를 직접 마주하는 일은 말로 표현하기 어려운 설렘을 선사할 것입니다. 그러나 일본어의 낯선 문자와 표현, 그리고 문화적인 함의는 종종 학습자 앞에 높은 벽처럼 서 있습니다. 이 벽은 흥미를 가로막고, 때로는 책장을 덮게 만드는 이유가 되기도 합니다.

　우리는 그 장벽을 조금이라도 낮추고, 누구나 부담 없이 원작의 감동을 만날 수 있도록 왕초보편과 초중급편 두 가지로 나누어 새로운 《어린 왕자 일본어판》을 만들었습니다. 왕초보편은 JLPT N5~N4 수준의 학습자를 위해, 기초 어휘와 간단한 문장 구조에 집중하여 처음 일본어 원서를 접해도 쉽게 읽어 나갈 수 있도록 구성했습니다. 초중급편은 JLPT N3~N2 수준의 학습자를 위해, 보다 다양한 표현과 문법 요소를 담아 독해력과 표현력을 확장할 수 있도록 설계했습니다.

    또한 원작의 27개 챕터를 유지하면서도 각 챕터를 비슷한 분량으로 재구성해 하루 한 챕터씩 읽을 수 있도록 조정했습니다. 각 장이 너무 짧거나 길지 않아, 매일 일정한 학습 리듬을 유지하며 완독까지 이어갈 수 있습니다. 챕터마다 원문과 번역, 주요 어휘 정리, 실제 활용 예문을 함께 수록해, 혼자서도 충분히 이해하며 읽어 나갈 수 있도록 했습니다. 단어와 문장이 실제 문맥 속에서 어떻게 쓰이는지 직접 확인하며, 학습과 독서의 즐거움을 동시에 경험할 수 있습니다.

    페이지를 넘길수록 이해력과 표현이 조금씩 쌓이고, 독서는 점점 더 자연스러운 흐름을 갖게 됩니다. 매일 한 챕터를 읽으며 쌓이는 작은 성취감이 일본어 학습을 지속하게 만드는 힘이 될 것입니다. 이렇게 쌓인 경험은 다음 일본어 책으로 나아가는 든든한 발판이 될 것이라 확신합니다.

    그리고 잊지 말아 주세요. 이 책은 단순한 학습서가 아니라, 여러분과 우리가 함께 만들어낸 작은 별과도 같은 작품입니다. 수많은 후원자들의 응원과 애정이 모여 세상에 나온 이 책 속의 문장 하나하나에는 특별한 의미가 깃들어 있습니다. 일본어를 배우고 있는 모든 분께, 어린 왕자와 함께하는 시간이 작은 기쁨이 되기를 바랍니다. 언어를 배우는 설렘이 오래도록 이어지고, 그 여정 속에서 여러분의 마음속에도 반짝이는 별 하나가 자리 잡기를 진심으로 기원합니다.

펀딩 기획자 다미안 드림

도움의 말

본 도서를 읽기에 앞서 몇 가지 도움의 말을 전합니다.

1. 원문의 내용 일부가 생략되었습니다.

이 책은 왕초보와 초중급 학습자 수준에 맞춰 내용을 간략하게 구성했습니다. 이 과정에서 원문의 일부 의미나 흐름이 축약될 수 있습니다. 많은 분들이 이미 『어린 왕자』를 읽어보셨다는 전제로 만들었지만, 만약 아직 읽어보지 않았다면 시중의 다른 한국어 번역본을 먼저 읽고 이 책을 보시면 이해가 훨씬 쉬워집니다. 물론 이 책만으로도 원작과는 또 다른 흐름과 재미를 느낄 수 있습니다. 다만, 원문과 비교했을 때 내용·분위기·메시지가 다르게 전달될 수 있다는 점을 미리 알려드립니다.

2. 레벨에 맞춰 읽기를 권장합니다.

왕초보편은 일본어 학습 초기에 주로 접하는 정중체로 문장을 구성했으며, JLPT N4 수준의 문법을 사용했습니다. 또한 쉬운 한자를 제외하고는 히라가나로 표기하여 한자 부담을 줄였습니다. 초중급편은 문법에 제한을 두지 않고, 상황에 따라 정중체와 보통체를 모두 사용했으며 JLPT N2 이상의 문법이 포함되어 있습니다.

3. 이렇게 공부해 보세요.

먼저 제공된 일본어 본문과 어휘를 바탕으로, 한국어 번역을 보지 않고 스스로 독해해 보세요. 그다음, 유료로 제공되는 독해 강의를 수강하며 내용을 깊이 이해하는 것을 추천합니다. 일본어 기초 문법을 이미 배우신 분이라면 왕초보편부터 시작하세요. JLPT N2 수준 이상이 되었을 때는 초중급편으로 독해해 보시기 바랍니다. 이후 원어 음원 파일을 텍스트 없이 들으며 의미를 음미해 보세요. 또한 필사 노트를 활용해 원문을 직접 써보는 것도 좋습니다. 필사하다 보면 텍스트를 새롭게 느낄 수 있고, 나만의 『어린 왕자』를 직접 만들어 나갈 수 있습니다.

구성 안내

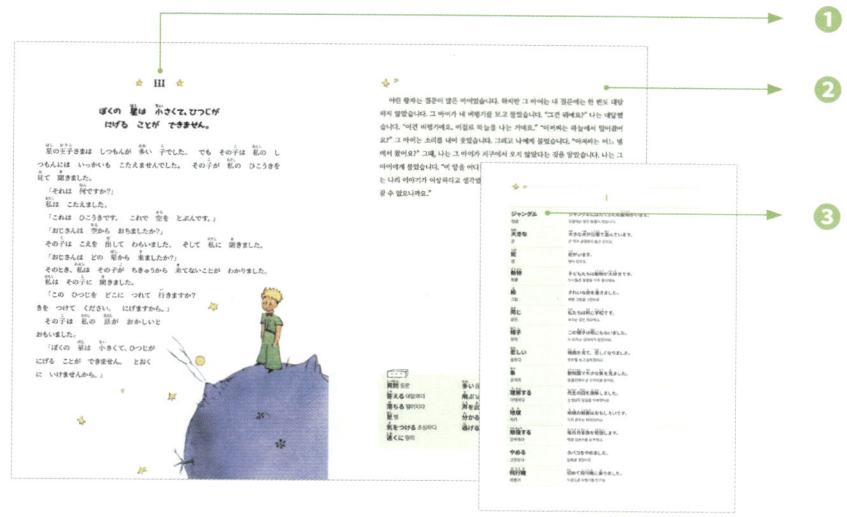

① 본문의 장(章)은 프랑스어 원서와 동일한 27개로 구분하였습니다.

원작의 27개 장을 유지하면서도 각 장을 비슷한 분량으로 재구성해 하루 한 장씩 읽을 수 있도록 조정했습니다. 각 장이 너무 짧거나 길지 않아, 매일 일정한 학습 리듬을 유지하며 완독까지 이어갈 수 있습니다.

② 한국어 해석을 제공합니다.

해석은 가능한 한 직역을 원칙으로 하였으나, 필요한 경우 의역을 사용하였습니다. 특히 일본어에서 자주 쓰이는 수동문은 능동형으로 바꾸어 해석한 경우가 많습니다. 같은 문장이라도 번역 방식에 따라 주관적인 해석이 들어갈 수 있습니다. 정답은 정해져 있지 않으니, 자신만의 색깔을 살려 번역하는 즐거움을 느껴보세요.

③ 어려운 단어나 기억해야 할 단어들은 따로 정리해 두었습니다.

왕초보편은 본문 오른쪽 아래에 단어의 뜻을 표기하고, 책 끝의 단어장에 예문과 해석을 함께 수록하였습니다. 초중급편 역시 책 끝의 단어장에서 예문과 해석을 확인할 수 있습니다. 품사는 구분하지 않았으며, 동사는 기본형으로 제시하였습니다. 의미는 사용 빈도가 높은 것 위주로 한두 개만 선정하였으며, 본문에서의 실제 의미와는 차이가 있을 수 있습니다.

유료 독해 강의는 미니학습지 홈페이지 및 앱의 강의실에서 수강할 수 있습니다.

왕초보편과 초중급편 강의는 각각 별도의 강의실로 구분되어 있습니다. 영상 강의는 원문이 아니라, 본서를 기반으로 제작된 일본어판의 구성과 내용을 중심으로 진행됩니다. 따라서 원문의 흐름·맥락·내용에 초점을 두지 않고, 독립적인 도서로서 강의가 진행됩니다. 다만 필요한 경우, 이해를 돕기 위해 원문의 의미를 일부 빌릴 수 있습니다.

À LÉON WERTH

Je demande pardon aux enfants d'avoir dédié ce livre à une grande personne. J'ai une excuse sérieuse : cette grande personne est le meilleur ami que j'ai au monde. J'ai une autre excuse : cette grande personne peut tout comprendre, même les livres pour enfants. J'ai une troisième excuse : cette grande personne habite la France où elle a faim et froid. Elle a bien besoin d'être consolée. Si toutes ces excuses ne suffisent pas, je veux bien dédier ce livre à l'enfant qu'a été autrefois cette grande personne. Toutes les grandes personnes ont d'abord été des enfants. (Mais peu d'entre elles s'en souviennent.)

Je corrige donc ma dédicace :

À LÉON WERTH
QUAND IL ÉTAIT PETIT GARÇON

레옹 베르트에게

이 책을 어른에게 바친 데 대해 어린이들에게 용서를 구한다. 내게는 그럴 만한 각별한 이유가 있다. 이 어른이야말로 이 세상에서 가장 친한 친구이기 때문이다. 또 다른 이유가 있다. 이 어른은 모든 것을, 심지어 어린이를 위한 책까지도 이해할 수 있다. 세 번째 이유는 이렇다. 이 어른은 프랑스에서 살고 있는데 배고픔과 추위에 떨며 살고 있다. 그는 위로가 절실히 필요하다. 이 모든 이유로도 충분치 않다면 어린 시절의 그에게 이 책을 바치고 싶다. 어른들도 한때는 아이였으니까. (하지만 대부분의 어른들은 이 사실을 기억하지 못한다.) 그래서 내 헌사를 이렇게 수정한다.

어린 소년이던 레옹 베르트에게

목차

서문
도움의 말 / 구성 안내

목차

星の王子さま 超入門
어린 왕자 왕초보편 ································ 9

星の王子さま 初中級
어린 왕자 초중급편 ································ 65

어휘 단어장
왕초보편 ································ 121
초중급편 ································ 147

星の王子さま
超入門
<small>ちょうにゅうもん</small>

어린 왕자 왕초보편

⭐ I ⭐

大人たちは りかい できせんでした。

　子どもの ころ、私は ジャングルの 本が 好きでした。 その 本には、大きな へびが どうぶつを 食べている えが ありました。 その えが とても すてきだったので、私も おなじ えを 書きました。

　でも、大人たちは 言いました。
　「それは ぼうしですか?」
　私は かなしく なりました。 それで、私は へびの なかに ぞうが いる えを 書きました。

　でも、大人たちは りかい できませんでした。 大人たちは 私に 言いました。
　「ちりを べんきょう しなさい。」
　だから、私は えを 書くのを やめて、ひこうきの うんてんを はじめました。 大人たちと たくさん 話しましたが、私には 大人たちが よく わかりませんでした。

어렸을 때 나는 정글에 관한 책을 좋아했습니다. 그 책에는 큰 뱀이 동물을 먹고 있는 그림이 있었습니다. 그 그림이 매우 멋져서 나도 같은 그림을 그렸습니다. 하지만 어른들은 말했습니다. "그것은 모자예요?" 나는 슬퍼졌습니다. 나는 뱀 안에 코끼리가 있는 그림을 그렸습니다. 하지만 어른들은 이해하지 못했습니다. 어른들은 나에게 말했습니다. "지리를 공부하세요." 그래서 나는 그림 그리기를 그만두고, 비행기 운전을 시작했습니다. 어른들과 많이 이야기했지만, 난 그들을 이해하지 못했습니다.

ジャングル 정글	大きな 큰	蛇 뱀
動物 동물	絵 그림	同じ 같은
帽子 모자	悲しい 슬프다	象 코끼리
理解する 이해하다	地理 지리	勉強する 공부하다
やめる 그만두다	飛行機 비행기	運転 운전
始める 시작하다		

⭐ II ⭐

ぼくの ところは すべてが 小さいんです。

　ある日、私は さばくで ひこうきが こしょうして、なおさないと いけませんでした。その 夜、私は すなの 上で ねむれました。つぎの朝、小さな おとこの子が 私を おこしました。そして 私に 聞きました。
　「ひつじを 書いて くれませんか？ ひつじが ほしいんです。」
　それは むずかしい ことでした。 私は へびだけ 書いたことが あります。その おとこの子は くりかえして 言いました。
　「ひつじを 書いて ください！」
　私は 1ばんめの えを 書いて みました。 でも その子は へびの なかの ぞうを ほしがって いませんでした。 それで 私は ひつじが 入って いる はこを 書きました。

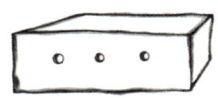

　その子は よろこびました。その子が 聞きました。
　「この ひつじは たくさん くさを 食べますか？ ぼくの ところは すべてが 小さいんです。」
　私は 言いました。
　「この ひつじは とても 小さいから、 くさも すこしで だいじょうぶですよ。」
　こうして、私は 星の王子さまに 会いました。

어느 날, 나는 사막에서 비행기가 고장 나서 고쳐야만 했습니다. 그날 밤, 나는 모래 위에서 잠들었습니다. 다음 날 아침 어린 남자애가 나를 깨웠습니다. 그리고 나에게 물었습니다. "양을 그려줄 수 있어요? 양을 갖고 싶어요." 그것은 어려운 일이었습니다. 나는 뱀만 그려본 적이 있습니다. 그 남자아이는 계속해서 말했습니다. "양을 그려 줘요!" 나는 첫 번째 그림을 그려봤습니다. 하지만 그 아이는 뱀 안에 든 코끼리를 원하지 않았습니다. 그래서 나는 양이 들어있는 상자를 그렸습니다. 그 아이는 기뻐했습니다. 그 아이가 물었습니다. "이 양은 풀을 많이 먹어요? 내가 사는 곳은 모든 것이 작아요." 나는 말했습니다. "이 양은 매우 작아서, 풀도 조금만 있어도 충분해요." 이렇게 나는 어린 왕자를 만났습니다.

砂漠 사막
眠れる 잠들다
そして 그리고, 그러고 나서
繰り返して 반복해서
箱 상자
全て 전부, 모두

故障する 고장나다
男の子 남자아이
羊 양
1番目 첫 번째
喜ぶ 기뻐하다

直す 고치다, 수리하다
起こす 깨우다
ほしい 원하다
入っている 들어 있다, 들어 있는
草 풀

III

ぼくの 星は 小さくて、ひつじが
にげる ことが できません。

　星の王子さまは しつもんが 多い 子でした。 でも その子は 私の し
つもんには いっかいも こたえませんでした。 その子が 私の ひこうきを
見て 聞きました。
　「それは 何ですか?」
　私は こたえました。
　「これは ひこうきです。 これで 空を とぶんです。」
　「おじさんは 空から おちましたか?」
　その子は こえを 出して わらいました。 そして 私に 聞きました。
　「おじさんは どの 星から 来ましたか?」
　そのとき、私は その子が ちきゅうから 来てないことが わかりました。
私は その子に 聞きました。
　「この ひつじを どこに つれて 行きますか?
きを つけて ください。 にげますから。」
　その子は 私の 話が おかしいと
おもいました。
　「ぼくの 星は 小さくて、ひつじが
にげる ことが できません。 とおく
に いけませんから。」

어린 왕자는 질문이 많은 아이였습니다. 하지만 그 아이는 내 질문에는 한 번도 대답하지 않았습니다. 그 아이가 내 비행기를 보고 물었습니다. "그건 뭐예요?" 나는 대답했습니다. "이건 비행기예요. 이걸로 하늘을 나는 거예요." "아저씨는 하늘에서 떨어졌어요?" 그 아이는 소리를 내어 웃었습니다. 그리고 나에게 물었습니다. "아저씨는 어느 별에서 왔어요?" 그때, 나는 그 아이가 지구에서 오지 않았다는 것을 알았습니다. 나는 그 아이에게 물었습니다. "이 양을 어디로 데려가나요? 조심하세요. 도망가니까요." 그 아이는 나의 이야기가 이상하다고 생각했어요. "내 별은 작아서 양이 도망갈 수 없어요. 멀리 갈 수 없으니까요."

質問(しつもん) 질문
答える(こたえる) 대답하다
落ちる(おちる) 떨어지다
星(ほし) 별
気をつける(きをつける) 조심하다
遠くに(とおくに) 멀리

多い(おおい) 많다
飛ぶ(とぶ) 날다
声を出して(こえをだして) 소리를 내어
分かる(わかる) 알다, 깨닫다
逃げる(にげる) 도망가다

一回も(いっかいも) 한 번도
おじさん 아저씨
笑う(わらう) 웃다
連れて行く(つれていく) 데려가다
おかしい 이상하다

☆ IV ☆

ともだちを わすれる ことは かなしいです。

　星の王子さまは たぶん B612 という 星から 来たと おもいます。その星は ひとつの 家と おなじ くらいの 大きさです。ある 星は 小さくて ぼうえんきょうでも 見る ことが できません。大人たちは かずだけに きょうみが あって、その子が ひつじを ほしがっていたという じじつが あっても、星の王子さまの そんざいを しんじません。
　私の ともだちは 6ねんまえ、ひつじと いっしょに いなく なりました。私は その子に あいたいです。また わすれたく ないです。ともだちを わすれる ことは かなしいです。でも 私は もう はこの なかの ひつじを 見る ことが できません。私は 大人に なったかも しれません。

어린 왕자는 아마도 B612라는 별에서 왔을 거라고 생각합니다. 그 별은 집 한 채와 비슷한 크기입니다. 어떤 별은 작아서 망원경으로도 볼 수 없습니다. 어른들은 숫자에만 관심이 있어서, 그 아이가 양을 원했다는 사실이 있어도 어린 왕자의 존재를 믿지 않습니다. 내 친구는 6년 전에 양과 함께 사라졌습니다. 나는 그 아이를 만나고 싶습니다. 그리고 잊고 싶지 않습니다. 친구를 잊는 것은 슬픕니다. 하지만 나는 더 이상 상자 속의 양을 볼 수 없습니다. 나는 어른이 되었을지도 모릅니다.

たぶん 아마도	家 집	大きさ 크기, 사이즈
望遠鏡 망원경	数 수, 숫자	興味 흥미, 관심
事実 사실	存在 존재	信じる 믿다, 신뢰하다
友達 친구	一緒に 함께, 같이	いなくなる 사라지다
忘れる 잊다		

V

バオバブは　すぐに　ぬかないと　いけません。

　星の王子さまは　私に　バオバブの　話を　しました。　バオバブは　とても　あぶない　木です。　それは　星を　こわすことも　できます。
　「あとで　やっても　いい　しごとも　あります。　でも　バオバブは　すぐに　ぬかないと　いけません。」と　その子は　言いました。
　ある日、その子が　言いました。
　「バオバブの　えを　書いて　くれませんか？　そうしたら　子どもたちに　きをつけてって　言えますから。」
　私は　みんなが　バオバブが　よく　わかるように　がんばって　書きました。

어린 왕자는 나에게 바오밥나무에 대해 말했습니다. 바오밥나무는 매우 위험한 나무입니다. 그것은 별을 파괴할 수도 있습니다. "나중에 해도 되는 일도 있어요. 하지만 바오밥나무는 바로 뽑아야 해요."라고 그 아이는 말했습니다. 어느 날, 그 아이가 말했습니다. "바오밥나무의 그림을 그려 줄래요? 그러면 아이들에게 조심하라고 말할 수 있으니까요." 나는 모두가 바오밥나무를 잘 알아볼 수 있도록 열심히 그렸어요.

バオバブ 바오밥(나무)	話 이야기	危ない 위험하다
木 나무	壊す 파괴하다, 부수다	やる 하다
仕事 일, 업무	すぐに 곧, 즉시	抜く 뽑다, 빼내다
言える 말할 수 있다	みんな 모두	頑張って 열심히

⭐ VI ⭐

とても かなしいとき、
人は ゆうやけが 好きに なるんですよ。

　星の王子さま、きみが よく かなしんでいた ことが いま わかりました。きみは ゆうやけが 好きでしたね。 きぶんが よく なりましたから。 きみの 星では いすを すこし うごかすだけで、すぐに ゆうやけが 見えました。
　「わかるでしょう。 とても かなしいとき、人は ゆうやけが 好きに なるんですよ。」と きみは 言いましたね。 いつか、きみは ゆうやけを 44かいも 見たんですよね。 でも 私が 「その日、とくに かなしかったんですか?」と 聞きましたが、きみは 何も 言いませんでした。

어린 왕자여, 네가 자주 슬퍼했다는 걸 이제 알았습니다. 너는 저녁노을을 좋아했지요? 기분이 좋아졌으니까요. 너의 별에서는 의자를 조금 옮기기만 해도 금방 저녁노을을 볼 수 있었습니다. "알죠? 매우 슬플 때 사람은 저녁노을을 좋아하게 된다고요."라고 너는 말했습니다. 언젠가 너는 저녁노을을 44번이나 봤었죠? 하지만 내가 "그날 특별히 슬펐어요?"라고 물었지만, 너는 아무 말도 하지 않았습니다.

君 너, 자네
気分 기분
動かす 움직이다, 옮기다
特に 특별히, 특히

悲しむ 슬퍼하다
よくなる 좋아지다
人 사람
何も 아무것도

夕焼け 저녁노을
椅子 의자
好きになる 좋아하게 되다

VII

花は じぶんを まもりたい だけなんです。

　ある日、星の王子さまは 私に 聞きました。
　「ひつじは とげのある 花も 食べますか?」
　私は こたえました。
　「ひつじは 何でも 食べます。 とげのある 花も 食べます。 とげは 役に立ちませんし、いじわるな ものです。」
　でも、その子は 言いました。
　「花は じぶんを まもりたい だけなんです。」
　私は その子が しぜんに ついて よく しっていると わかりました。
　でも、私は ストレスが ありました。 また、ひこうきを なおしたかったです。 私は 言いました。
　「いまは とても いそがしいんです。」
　その子が おこりました。
　「おじさん、大人みたいに 話しています。」
　それから、その子は ひつじと 花が どうして たいせつなのかを せつめいしました。
　「だれかが ある 花を 愛して います。 その花は たくさんの 星のなかで たった ひとつの 花です。 でも それを ひつじが 食べて しまったら、その人には もう すべての 星が そんざいしなく なりますよ。」
　その子は なきました。 私は とても わるい きもちに なりました。

어느 날, 어린 왕자는 나에게 물었습니다. "양은 가시가 있는 꽃도 먹어요?" 나는 대답했습니다. "양은 모든 것을 먹어요. 가시가 있는 꽃도 먹어요. 가시는 쓸모가 없고, 나쁜 것이에요." 하지만 그 아이는 말했습니다. "꽃은 자신을 지키고 싶을 뿐이에요." 나는 그 아이가 자연에 대해서 잘 알고 있다고 알게 되었습니다. 하지만 나는 스트레스를 받았습니다. 또한 비행기를 고치고 싶었습니다. 나는 말했습니다. "지금은 매우 바빠요." 그 아이가 화냈습니다. "아저씨, 어른처럼 말하고 있어요." 그리고 그 아이는 양과 꽃이 왜 중요한지 설명했습니다. "누군가가 어떤 꽃을 사랑하고 있어요. 그 꽃은 많은 별 중에서 단 하나뿐인 꽃이에요. 하지만 그것을 양이 먹어 버리면, 그 사람에게는 더 이상 모든 별이 존재하지 않게 되는 거예요." 그 아이는 울었습니다. 나는 기분이 나빴습니다.

とげ 가시
自分 자기 자신
知っている 알고 있다
大切だ 소중하다, 중요하다
たった 단, 단지
気持ち 기분

役に立つ 도움이 되다, 쓸모 있다
守る 지키다, 보호하다
忙しい 바쁘다
説明する 설명하다
存在する 존재하다

意地悪な 나쁜, 심술궂은
自然 자연
怒る 화내다
愛する 사랑하다
泣く 울다

✦ VIII ✦

あの 花を 愛するには ぼくは まだ わかすぎました。

星の王子さまは ひとつの 花を もって いました。 その子は その花を じぶんの 星で 見つけました。 花は とても うつくしかったです。 花は じぶんの うつくしさを じまん して いました。 花は また すこし わがままでした。 花は その子に いろいろ たのみました。 たとえば みず、かぜよけ、ガラスの ふた などを たのみました。 でも その子は 花の ことばが だんだん いやに なりました。 それで その子は 花を うたがうように なりました。 いま その子は じぶんが まちがったと おもっています。 いつか、その子は 私に 言いました。

「花の ことばを しんじては いけません。 花の こうどうを 見ないと いけませんでした。 あの 花は ぼくに いい かおりと ひかりを くれました。 花には むじゅんが たくさん あります。 でも、あの 花を 愛するには ぼくは まだ わかすぎました。」

어린 왕자는 꽃을 하나 가지고 있었습니다. 그 아이는 그 꽃을 자신의 별에서 발견했습니다. 꽃은 매우 아름다웠습니다. 꽃은 자신의 아름다움을 자랑했습니다. 꽃은 또한 조금 제멋대로였습니다. 꽃은 그 아이에게 여러 가지 부탁했습니다. 예를 들면, 물, 바람막이, 유리 뚜껑 등을 부탁했습니다. 하지만 그 아이는 꽃이 말이 점점 싫어졌습니다. 그래서 그 아이는 꽃을 의심하게 되었습니다. 지금 그 아이는 자신이 잘못했다고 생각하고 있습니다. 언젠가 그 아이는 나에게 말했습니다. "꽃의 말을 믿으면 안 돼요. 꽃의 행동을 봐야 했어요. 그 꽃은 나에게 좋은 향기와 빛을 주었어요. 꽃에는 모순이 많이 있어요. 하지만 그 꽃을 사랑하기엔, 나는 아직 너무 어렸어요."

持っている 가지고 있다
自慢する 자랑하다
ふた 뚜껑
疑う 의심하다
香り 향기
若い 어리다, 젊다

見つける 발견하다, 찾아내다
わがままだ 제멋대로다
言葉 말, 이야기, 언어
間違う 잘못되다, 틀리다
光 빛

美しい 아름답다
頼む 부탁하다
嫌になる 싫어지다
行動 행동
矛盾 모순

☆ IX ☆

さようなら。 しあわせに なってくださいね。

　星の王子さまは じぶんの 星から 出るまえに、 そうじして きれいに しました。 その子は さいごの バオバブも ぬきました。 もう ここに 戻らないと おもって いました。 それで すこし かなしく なりました。 さいごに 花に みずを あげたときは ないて しまいました。 その 花は その子に 言いました。

　「私には もう ガラスの ふたが いりません。 夜の かぜも 私に やくに たちます。 また 大きな どうぶつも こわく ありません。 とげが ありますから。」

　わかれのとき、 花は 言いました。

　「あなたは じぶんで きめましたね。 さようなら。 しあわせに なってくださいね。」 花は、 なく すがたを みせたく ありませんでした。 花は とても プライドが たかかったからです。

어린 왕자는 자신의 별에서 나오기 전에 청소하고 깨끗이 했습니다. 그 아이는 마지막 남은 바오밥나무도 뽑았습니다. 더 이상 여기에 돌아오지 않을 것으로 생각했습니다. 그래서 조금 슬퍼졌습니다. 마지막으로 꽃에 물을 줄 때는 울어 버렸습니다. 그 꽃은 그 아이에게 말했습니다. "저는 이제 유리 뚜껑이 필요하지 않아요. 밤바람도 저에게는 도움이 될 거예요. 그리고 큰 동물도 무섭지 않아요. 가시가 있으니까요." 헤어질 때 꽃은 말했습니다. "당신은 스스로 결정했군요. 잘 가요. 행복하게 살아요." 꽃은 우는 모습을 보이고 싶지 않았습니다. 꽃은 자존심이 아주 강했기 때문입니다.

出る 나가다, 나오다
最後 최후, 마지막
要る 필요하다
怖い 무섭다
決める 정하다, 결정하다
プライド 자존심

掃除する 청소하다
戻る 돌아가다
風 바람
別れ 이별, 헤어짐
幸せになる 행복해지다

きれいにする 깨끗하게 하다
水 물
役に立つ 도움이 되다
自分で 스스로
姿 모습

⭐ X ⭐

大人は ほんとうに おかしいですね。

　星の王子さまは たくさんの 星を たびしました。 さいしょに 行った 星で、 おうさまに 会いました。 その おうさまは 言いました。
　「私は すべてを しはい しています。 星まで しはいして います。」
　その子は おうさまに たのみました。
　「ぼくは ゆうやけが 見たいです。 どうか たいように 『しずんで』と 言って ください。」
　でも おうさまは せつめいしました。
　「私は できない めいれいは しません。」
　その子は つまらないと おもいました。 それで その星から 出たく なりました。 すると おうさまが 聞きました。
　「きみは 私の ほうむだいじんに なって くれますか?」
　でも その子は さいばんする 人が いないと こたえました。 おうさまが 言いました。
　「じぶんを さいばん することは できますよ。」
　でも その子は 言いました。
　「そうする ために ここに すむ ひつようは ありません。」
　そして その子は その 星から 出る じゅんびを しました。 おうさまは その子の うしろから さけびました。
　「きみを 私の たいしに します。」
　星の王子さまは ひとりで 言いました。
　「大人は ほんとうに おかしいですね。」

어린 왕자는 많은 별을 여행했습니다. 처음 간 별에서 왕을 만났습니다. 그 왕은 말했습니다. "나는 모든 것을 지배하고 있어요. 별까지 지배하고 있어요." 그 아이는 왕에게 부탁했습니다. "저는 저녁노을이 보고 싶어요. 부디 태양에게 "저물어라."고 말해 주세요." 하지만 왕은 설명했습니다. "나는 불가능한 명령은 하지 않아요." 그 아이는 지루하다고 생각했습니다. 그래서 그 별에서 나오고 싶어졌습니다. 그러자 왕이 물었습니다. "너는 나의 법무부 장관이 되어 주겠어요?" 하지만 그 아이는 재판할 사람이 없다고 대답했습니다. 왕이 말했습니다. "자신을 재판하는 것은 가능하죠." 하지만 그 아이는 말했습니다. "그러기 위해서 여기에 살 필요는 없어요." 그리고 그 아이는 그 별에서 나올 준비를 했습니다. 왕은 그 아이의 뒤에서 외쳤습니다. "너를 나의 대사로 삼겠습니다." 어린 왕자는 혼잣말했습니다. "어른은 정말 이상하네요."

旅する 여행하다
支配する 지배하다
命令 명령
裁判する 재판하다
準備 준비
大使 대사

最初 최초, 처음
太陽 태양
つまらない 시시하다, 지루하다
住む 살다, 거주하다
後ろ 뒤

王様 왕, 임금님
沈む (해가)저물다, 가라앉다
法務大臣 법무부 장관
必要 필요
叫ぶ 소리치다, 외치다

⭐ XI ⭐

ただ　ほめられたいだけ　でした。

　2ばんめの　星で、星の王子さまは　ある　おとこに　会いました。　その　おとこは、とても　じぶんが　すごいと　おもっていました。　星の王子さまが　星に　きたことを　とても　よろこびました。　そして　じぶんの　ぼうしを　見せました。　その　ぼうしは　あいさつを　してもらう　ための　ものでした。　その子は　その　おとこに　たくさん　しつもんを　しました。　でも、その　おとこは　しつもんに　こたえませんでした。　ただ　ほめられたいだけ　でした。　さいごに、その子は　その　おとこを　ほめて　あげました。　そのあと、その星を　出ました。

　星の王子さまは　ひとりで　言いました。
　「大人は　ほんとうに　おかしいですね。」

두 번째 별에서 어린 왕자는 어떤 남자를 만났습니다. 그 남자는 자신이 매우 대단하다고 생각하고 있었습니다. 어린 왕자가 별에 온 것을 매우 기뻐했습니다. 그리고 자기 모자를 보여주었습니다. 그 모자는 인사를 받기 위한 것이었습니다. 그 아이는 그 남자에게 많은 질문을 했습니다. 하지만 그 남자는 질문에 대답하지 않았습니다. 그저 칭찬받고 싶어 할 뿐이었습니다. 마지막으로 그 아이는 그 남자를 칭찬해 주었습니다. 그러고 나서 그 별을 떠났습니다. 어린 왕자는 혼잣말했습니다. "어른은 정말 이상하네요."

2番目 두 번째
すごい 대단하다
ほめられる 칭찬받다

ある 어느, 어떤
見せる 보이다, 나타내다
最後に 마지막으로

男 남자
あいさつ 인사
ほめる 칭찬하다

⭐ XII ⭐

わすれるために のんでいます。

　星の王子さまは ある 星に 行きました。そこには、いつも おさけを のんでいる おとこが いました。 その子が 聞きました。
　「そこで 何を しているんですか?」
　おとこが こたえました。
　「わすれるために のんでいます。」
　「何を わすれたいんですか?」
　「じぶんが はずかしいことを わすれたいんです。」
　その子は その おとこを たすけたくて また 聞きました。
　「なぜ はずかしいんですか?」
　「おさけを のんでいるからです。」
　そして、おとこは だまって しまいました。 その子は かなしみながら、はやく その星を 出ました。
　「大人は ほんとうに おかしいですね。」と 星の王子さまが 言いました。

어린 왕자는 어떤 별에 갔습니다. 거기에는 항상 술을 마시고 있는 남자가 있었습니다. 그 아이가 물었습니다. "거기서 무엇을 하고 있어요?" 남자가 대답했습니다. "잊기 위해서 술을 마시고 있어요." "무엇을 잊고 싶은데요?" "내가 부끄럽다는 것을 잊고 싶어요." 그 아이는 그 남자를 돕고 싶어서 또 물었습니다. "왜 부끄러운데요?" "술을 마시고 있기 때문이에요." 그리고 남자는 입을 다물어 버렸습니다. 그 아이는 슬퍼하면서 빨리 그 별을 떠났습니다. "어른은 진짜 이상하네요."라고 어린 왕자가 말했습니다.

いつも 항상
恥ずかしい 부끄럽다
黙る 말을 하지 않다, 침묵하다
お酒 술
助ける 돕다
早く 급히, 빨리
飲む 마시다
なぜ 왜

XIII

おじさんは おじさんの 星に やくに たって いないじゃないですか。

　つぎの 星には とても いそがしい おとこの 人が 住んで いました。その おとこは 星を かぞえて、「これは ぼくの ものです。」と 言いました。 星は しまう ことが できないから、星の王子さは それを りかい できませんでした。 その おとこは 星を 書いて、ひきだしに しまうんだと 言いました。「それだけですか?」と その子は 聞きました。 また それは とても へんだと おもいました。

　そして 星の王子さまは 言いました。

　「ぼくは まいにち みずを あげる 花を もって います。 ぼくは まいしゅう そうじを する かざんも 3つ もって いますよ。 花と かざんは ぼくが いるから げんきなんです。 でも おじさんは おじさんの 星に やくに たって いないじゃないですか。」

　その おとこは 何も 言いませんでした。 そして 星の王子さまは その 星から 出ました。「大人は ほんとうに おかしいですね。」と その子は おもいました。

다음 별에는 매우 바쁜 남자가 살고 있었습니다. 그 남자는 별을 세고, "이것은 나의 것이에요"라고 말했습니다. 별은 보관할 수 없으므로 어린 왕자는 그것을 이해할 수 없었습니다. 그 남자는 별을 적어서 서랍에 보관한다고 말했습니다. "그것뿐이에요?"라고 그 아이는 물었습니다. 또한 그것은 매우 이상하다고 생각했습니다.

    그리고 어린 왕자는 말했습니다. "나는 매일 물을 주는 꽃을 가지고 있어요. 나는 매주 청소하는 화산 세 개도 가지고 있고요. 꽃과 화산은 내가 있기 때문에 잘 지내요. 하지만 아저씨는 아저씨의 별들에게 쓸모가 없잖아요." 그 남자는 아무 말도 하지 않았습니다. 그리고 어린 왕자는 그 별을 떠났습니다. "어른은 진짜 이상하네요."라고 그 아이는 생각했습니다.

住む 살다, 거주하다 数える (숫자를) 세다 しまう 치우다, 보관하다
引き出し 서랍 変だ 이상하다 毎日 매일
毎週 매주 火山 화산 元気だ 건강하다

✩ XIV ✩

ここで ともだちに なれる 人は この人だけです。

　5ばんめの 星には がいとうを つけたり、けしたり する おとこの ひとが 住んで いました。 その 星は とても はやく まわっていました。 それで、その おとこは やすむ ひまが ありませんでした。 星の王子さまは その おとこに 言いました。

　「たいようを たのしむには、ゆっくり あるかなければ なりません。」

　でも その おとこは きょうみが ありませんでした。 その子は その 星に ずっと いたいと おもいました。 でも その 星は ふたりで 住むには あまりにも 小さかったです。 それは その子を かなしませました。

　「ここで ともだちに なれる 人は この人だけです。」と その子は ひとりで 言いました。 そして じつは この 星では いちにちに 1440かいも ゆうやけが 見られるから、ここに いたいと おもっていたことを みとめたく ありませんでした。

다섯 번째 별에는 가로등을 켜고 끄는 남자가 살고 있었습니다. 그 별은 매우 빨리 돌고 있었습니다. 그래서 그 남자는 쉴 틈이 없었습니다. 어린 왕자는 그 남자에게 말했습니다. "태양을 즐기려면 천천히 걸어야 해요." 하지만 그 남자는 관심이 없었습니다. 그 아이는 그 별에 계속 있고 싶다고 생각했습니다. 하지만 그 별은 두 사람이 살기에는 너무나도 작았습니다. 그것은 그 아이를 슬프게 했습니다. "여기서 친구가 될 수 있는 사람은 이 사람뿐이에요."라고 그 아이는 혼잣말했습니다. 그리고 사실은 이 별에서는 하루에 1,440번이나 저녁노을을 볼 수 있기 때문에 여기에 있고 싶다고 생각했던 것을 인정하고 싶지 않았습니다.

街灯 가로등　　　　**つける** 켜다　　　　**消す** 끄다
回る 돌다　　　　　**休む** 쉬다　　　　　**暇** 여유, 짬
楽しむ 즐기다　　　**ゆっくり** 천천히　　**歩く** 걷다
ずっと 계속, 쭉　　 **居る** 있다, 머무르다　**二人で** 둘이서
あまりにも 너무나도 **実は** 사실은, 실은　　**1日に** 하루에
認める 인정하다

⭐ XV ⭐

どこへ たびに いけば いいんですか。

　6ばんめの 星で 星の王子さまは あつい 本を 書いた ちりがくしゃに 会いました。 その 人は 川、山、そして さばくが どこに あるかを しって いました。 でも、たんけんを する 人では ありませんでした。 それで じぶんの 星のことは しりませんでした。 星の王子さまは じぶんの 小さな 星を せつめいしました。 3つの かざんと 花について 話しました。 花は もうすぐ きえて しまうから その 人は 花を きろくしませんでした。 その子は とても かなしく なりました。

　「ぼくの 花は すぐ きえて しまいます。 なのに、ぼくは その 花を ひとりに して、星を 出て しまいました。」

　それでも その子は 聞きました。

　「どこへ たびに いけば いいんですか?」

　その 人は「ちきゅうという 星が いいですよ。」と こたえました。 星の王子さまは その 星を 出るとき、じぶんの 花を おもいました。

여섯 번째 별에서 어린 왕자는 두꺼운 책을 쓴 지리학자를 만났습니다. 그 사람은 강, 산, 그리고 사막이 어디에 있는지를 알고 있었습니다. 하지만, 탐험을 하는 사람은 아니었습니다. 그래서 자신의 별은 알지 못했습니다. 어린 왕자는 자신의 작은 별을 설명했습니다. 3개의 화산과 꽃에 관해서 이야기했습니다. 꽃은 곧 사라질 것이기 때문에 그 사람은 꽃을 기록하지 않았습니다. 그 아이는 매우 슬퍼졌습니다. "제 꽃은 곧 사라질 거예요. 그런데도 저는 그 꽃을 혼자 두고 별을 떠나 버렸어요." 그래도 그 아이는 물었습니다. "어디에 여행 가면 좋을까요?" 그 사람은 "지구라는 별이 좋아요."라고 대답했습니다. 어린 왕자는 그 별을 떠날 때, 자신의 꽃을 생각했습니다.

厚い 두껍다
山 산
消える 사라지다
ひとりにする 혼자 두다
地理学者 지리학자
探検をする 탐험하다
記録する 기록하다
旅に行く 여행 가다
川 강
もうすぐ 이제 곧, 머지않아
なのに 그런데도

★ XVI ★

7ばんめの 星、ちきゅうには たくさんの 人が すんで います。

　7ばんめの 星、ちきゅうには たくさんの 人が 住んで います。 むかしは、6つの たいりくに がいとうを つける しごとを する おとこの 人が 462,511にんが ひつようでした。 みちを あかるく する ためでした。 ニュージーランドと オーストラリアから 北アメリカまで じゅんばんに がいとうが つけられました。 でも、ほっきょくと なんきょくの 人たちは 1ねんに 2かい しか しごとを しませんでした。

일곱 번째 행성인 지구에는 많은 사람들이 살고 있습니다. 예전에는 여섯 개의 대륙에 가로등을 켜는 일을 하는 남자가 462,511명이 필요했습니다. 거리를 밝히기 위해서였습니다. 뉴질랜드와 호주에서 북미까지 차례로 가로등이 켜졌습니다. 하지만 북극과 남극의 사람들은 1년에 2번밖에 일을 하지 않았습니다.

昔 옛날, 예전
明るくする 밝게 하다
南極 남극
大陸 대륙
順番に 차례로, 순서대로
道 길
北極 북극

⭐ XVII ⭐

ちきゅうは とても 大きいので、ときどき 人が ぜんぜん 見えない ことも あります。

　私が みなさんに たくさんの 人の 話を しましたが、ちきゅうは じつは もっと 大きいです。 ちきゅうは とても 大きいので、ときどき 人が ぜんぜん 見えない ことも あります。 星の王子さまは ちきゅうに きて、アフリカで ある へびに 会いました。 その子は「人は どこに いますか?」と 聞きました。 へびは その子を たすけようと しました。「きみは とても よわいです。 もし うちへ かえりたいなら、ぼくが たすけて あげますよ。 ぼくが きみを きみの 星へ おくることが できます。」「そうですか、わかりました。」と 星の王子さまは 言いました。 でも その子には へびの 話が なぞのように かんじられました。 ふたりは おたがいに だまって しまいました。

제가 여러분에게 많은 사람들의 이야기를 했지만, 지구는 사실은 더 큽니다. 지구는 매우 크기 때문에 때로는 사람이 전혀 보이지 않을 때도 있습니다. 어린 왕자는 지구에 와서 아프리카에서 어떤 뱀을 만났습니다. 그 아이는 "사람은 어디에 있어요?"라고 물었습니다. 뱀은 그 아이를 도우려고 했습니다. "너는 매우 약하군요. 만약 집에 돌아가고 싶다면 내가 도와줄게요. 내가 너를 너의 별에 보낼 수 있어요." "그래요? 알겠어요."라고 어린 왕자가 말했습니다. 하지만 그 아이에게는 뱀의 이야기가 수수께끼처럼 느껴졌습니다. 둘은 서로 침묵하고 말았습니다.

みなさん 여러분	**もっと** 더, 좀 더	**大きい** 크다
時々 때때로, 때로는	**全然** 전혀	**弱い** 약하다
もし 혹시	**うち** 집(내가 살고 있는 곳)	**帰る** 돌아가다
送る 보내다	**謎** 수수께끼	**感じる** 느끼다
お互いに 서로		

⭐ XVIII ⭐

いつも さまよって いるので、どこに いるのか わかりません。

星の王子さまは さばくを あるいていて、ある 花に 会いました。その 花は 花びらが 3まいしか なく、とても 小さかったです。 星の王子さまは 花に あいさつを して 聞きました。
「人は どこに いますか?」
その 花が こたえました。
「人? たぶん 7人 ぐらい いると おもいます。 すうねん まえに 見たことが あります。 でも その 人たちは いつも さまよって いるので、どこに いるのか わかりません。」

어린 왕자는 사막을 걷다가 어떤 꽃을 만났습니다. 그 꽃은 꽃잎이 세 장밖에 없었고 아주 작았습니다. 어린 왕자는 꽃에게 인사하며 물었습니다. "사람들은 어디 있어요?" 그 꽃이 대답했습니다. "사람들? 일곱 명 정도 있는 것 같아요. 몇 년 전에 본 적이 있어요. 그런데 그들은 항상 떠돌고 있어서 어디에 있는지는 몰라요."

花びら 꽃잎
数年 수년, 몇 년
枚 매(종이나 꽃잎을 세는 단위)
前に 전에
ぐらい 정도
さまよう 헤매다, 떠돌다

⭐ XIX ⭐

なんて　へんな　星なんでしょう。
ぼくの　花は　いつも　さきに　はなしかけて　くれたのに。

　星の王子さまは　たかい　山に　のぼりました。　この　星の　すべてと、人を　見る　ためでした。　でも　見えたのは、とがった　いわだけ　でした。　その子は　とおくに　むかって　「こんにちは。」と　さけびました。　こたえたのは　エコーでした。　星の王子さまは　そのエコーに　「ぼくの　ともだちに　なって　ください。」と　言いましたが、エコーは　おなじ　ことばを　くりかえすだけ　でした。　その子は　おもいました。
　「この　星の　人たちは　そうぞうりょくが　ありませんね。　なんて　へんな　星なんでしょう。　ぼくの　花は　いつも　さきに　はなしかけて　くれたのに。」

어린 왕자는 높은 산에 올라갔습니다. 이 별의 모든 것과 사람을 보기 위해서였습니다. 하지만 보이는 것은 뾰족한 바위뿐이었습니다. 그 아이는 먼 곳을 향해서 "안녕하세요."라고 외쳤습니다. 메아리가 대답했습니다. 어린 왕자는 메아리에게 "내 친구가 되어 주세요"라고 말했지만, 메아리는 같은 말만 반복할 뿐이었습니다. 그 아이는 생각했습니다. "이 별의 사람들은 상상력이 없네요. 정말 이상한 별이구나. 내 꽃은 항상 먼저 말 걸어 주었는데."

登る 오르다	尖った岩 뾰족한 바위
エコー 메아리	繰り返す 반복하다
なんて 얼마나, 대단히, 참	先に 먼저
~に向かって ~을/를 향해서	想像力 상상력
	話しかける 말 걸다

⭐ XX ⭐

それで ぼくが えらい 王子に
なれるわけじゃ ないと おもいます。

　星の王子さまは ながい みちを あるいて、やっと たくさんの バラが さいている にわを 見つけました。 でも、すべての バラが じぶんの 花に 見えました。 そして その子は かなしく なりました。 そのとき、その子が 言いました。

　「ぼくは えらい 王子だと おもっていました。 でも ぼくが もっているのは、ふつうの バラ 1りんと、3つの かざん だけです。 それで ぼくが えらい 王子に なれるわけじゃ ないと おもいます。」 星の王子さまは くさの うえに ねころんで、ないて しまいました。

어린 왕자는 먼 길을 걸어서 마침내 많은 장미가 피어 있는 정원을 발견했습니다. 하지만 모든 장미가 자신의 꽃으로 보였습니다. 그래서 그 아이는 슬퍼졌습니다. 그때, 그 아이가 말했습니다. "나는 위대한 왕자라고 생각하고 있었어요. 하지만 내가 가진 것은 보통의 장미 1송이와 3개의 화산뿐이에요. 그걸로 내가 위대한 왕자가 될 리가 없다고 생각해요." 어린 왕자는 풀 위에 누워서 울어 버렸습니다.

長い 길다	やっと 겨우, 가까스로	バラ 장미
咲いている 피어 있다	庭 정원	偉い 위대하다
王子 왕자	普通 보통	輪 송이(꽃이나 바퀴를 세는 말)
寝転ぶ 아무렇게나 드러눕다, 뒹굴다		

⭐ XXI ⭐

たいせつな ことは、心で 見ないと わからないです。
ほんとうに たいせつな ことは、目に 見えないんですよ。

　そのとき、キツネが 星の王子さまに あいさつを しました。星の王子さまも あいさつを しました。キツネは 「だれかを てなずけると、おたがいに とくべつな そんざいに なりますよ。」と せつめいしました。キツネは 星の王子に 「ぼくを てなずけて ほしいです。」と 言いました。でも その子には じかんが ありませんでした。その子は たくさんの ともだちを さがしたかったからです。キツネは 言いました。「人に ともだちが いないのは、だれも てなずけて ないからです。」星の王子さまは キツネを てなずけることに しました。キツネは じかんと がまんが ひつようだと 言いました。つぎの朝、星の王子さまは キツネに 会いに きました。キツネは 言いました。「おなじ じかんに きてくれると、もっと うれしいと おもいますよ。たとえば、きみが 4じに くるなら、ぼくは 3じから しあわせに なりはじめますから。」わかれのとき、キツネは 星の王子さまに ひとつの ひみつを おしえて くれました。

　「たいせつな ことは、心で 見ないと わからないです。ほんとうに たいせつな ことは、目に 見えないんですよ。」

그 순간 여우가 어린 왕자에게 인사를 했습니다. 어린 왕자도 인사를 했습니다. 여우는 "누군가를 길들이면 서로에게 특별한 존재가 되는 거예요."라고 설명했습니다. 여우는 어린 왕자에게 "나를 길들여 주세요."라고 말했습니다. 하지만 그 아이에게는 시간이 없었습니다. 그 아이는 많은 친구를 찾고 싶었기 때문입니다. 여우는 말했습니다. "사람에게 친구가 없는 것은 아무도 길들이지 않았기 때문이에요." 어린 왕자는 여우를 길들이기로 했습니다. 여우는 시간과 인내가 필요하다고 말했습니다. 다음날 아침 어린 왕자는 여우를 만나러 왔습니다. 여우는 말했습니다. "같은 시간에 와 주면 더 좋을 것 같아요. 예를 들면, 네가 4시에 온다면 나는 3시부터 행복해질 거니까요." 헤어질 때, 여우는 어린 왕자에게 한 가지 비밀을 알려 주었습니다. "중요한 것은 마음으로 보지 않으면 알 수 없어요. 정말로 소중한 것은 눈에 보이지 않아요."

キツネ 여우	誰か 누군가	てなずける 길들이다
特別な 특별한	時間 시간	探す 찾다
我慢 참음, 견딤	朝 아침	嬉しい 기쁘다
秘密 비밀	教える 가르치다	大切な 소중한, 중요한
心 마음	目 눈(신체)	

⭐ XXII ⭐

子どもたちだけが、どこへ 行きたいのか しっているんですね。

　星の王子さまは でんしゃの ほうこうを あやつる 人に 会いました。でんしゃは みぎへ、また ひだりへと はしって 行きました。でんしゃの なかには たびする 人たちが のって いました。 ひとつの でんしゃが すごい スピードで とおりすぎました。

　星の王子さまは 聞きました。

「あの人たちは また もどって きますか?」

　おとこは こたえました。

「いいえ、おなじ 人では ありません。 いれかわりました。」

「その人たちは まんぞく して いなかったんですか?」

「人は じぶんの いる ばしょに、なかなか まんぞく できません。 でも、子どもたちだけは まどに はなを くっつけて いるんでしょうね。」

　星の王子さまは 言いました。

「子どもたちだけが、どこへ 行きたいのか しっているんですね。」

어린 왕자는 기차의 방향을 다루는 사람을 만났습니다. 기차는 오른쪽으로, 다시 왼쪽으로 달려갔습니다. 기차 안에는 여행하는 사람들이 타고 있었습니다. 한 대의 기차가 빠른 속도로 지나갔습니다. 어린 왕자는 물었습니다. "저 사람들은 다시 돌아오나요?" 남자가 대답했습니다. "아니요, 같은 사람이 아니에요. 서로 바뀌었어요." "그 사람들은 만족하지 않았나요?" "사람은 자신이 있는 장소에 좀처럼 만족하지 못해요. 하지만 아이들만은 유리창에 코를 대고 있겠지요." 어린 왕자는 말했습니다. "아이들만이 어디에 가고 싶은지 알고 있는 거군요."

電車 전차, 전철, 기차
走る 달리다
通り過ぎる 지나가다, 지나치다, 통과하다
入れ替わる 교체하다, 교대하다
なかなか 좀처럼, 꽤
くっつける 붙이다, 들러붙게 하다

方向 방향
乗る 타다
満足する 만족하다
窓 창, 창문

操る 조작하다, 다루다
スピード 스피드, 속도
戻る 돌아오다, 돌아가다
場所 장소
鼻 코

⭐ XXIII ⭐

じぶんが 好(す)きな ことは 何(なん)でも できますよ。

　そのあと、星(ほし)の王子(おうじ)さまは のどが かわかない くすりを うっている 人(ひと)に 会(あ)いました。 その くすりを のめば 1しゅうかん、水(みず)を のまなくても いいそうです。 その おとこは 言(い)いました。
　「これで じかんを おおく うかせますよ。」
　星(ほし)の王子(おうじ)さまが 聞(き)きました。
　「その じかんで ぼくは 何(なに)を すれば いいんですか。」
　「じぶんが 好(す)きな ことなら 何(なん)でも できますよ。」
　おとこが 言(い)いました。 星(ほし)の王子(おうじ)さまは おもいました。
　「もし その じかんが できたら、ぼくは しずかに いどに 行(い)きますよ。」

그 후 어린 왕자는 목이 마르지 않는 약을 파는 사람을 만났습니다. 그 약을 먹으면, 일주일 동안 물을 마시지 않아도 된다고 합니다. 그 남자는 말했습니다. "이걸로 시간을 많이 아낄 수 있습니다." 어린 왕자가 물었습니다. "그 시간으로 나는 무엇을 하면 될까요?" "자신이 좋아하는 거라면 뭐든지 할 수 있습니다." 그 남자가 말했습니다. 어린 왕자는 생각했습니다. "만약 그 시간이 생긴다면, 나는 조용히 우물로 갈 거예요."

その後 그 후
売る 팔다
浮かせる 여분을 남기다, 절약하다
井戸 우물
喉が渇く 목이 마르다
1週間 1주일 동안
できる 생기다
薬 약
多く 크게
静かに 조용히, 조용하게

⭐ XXIV ⭐

さばくが きれいなのは、どこかに いどが かくれて いるからなんですよ。

　私は もう 8日かん さばくに いましたし、水も なくなって しまいました。　いどを さがさなければ なりませんでした。　私は 星の王子さまと いっしょに あるいて、星を 見ました。　星の王子さまは 言いました。
　「星は うつくしいです。　見えない 花を おもいださせるからです。」
　私は 「そのとおりですね。」と こたえました。　それから、その子は こう 言いました。「さばくが うつくしいのは、どこかに いどが かくれて いるからなんですよ。」
　「そうですね。　家でも、星でも、さばくでも、その ほんとうの うつくしさは 目に 見えないんですよね。」
　星の王子さまは ねむそうでした。　私が その子を だきかかえて あるきました。　その子は ねむりながら わらって いました。　きっと じぶんの 花のことを おもっていたからでしょう。　つぎの あさ、私たちは いどを 見つけました。

나는 벌써 사막에 8일째 있었고 물도 다 떨어져 버렸습니다. 우물을 찾아야 했습니다. 나는 어린 왕자와 함께 걸었고, 별을 보았습니다. 어린 왕자는 말했습니다. "별은 아름다워요. 보이지 않는 꽃을 떠올리게 하니까요." 나는 "정말 그렇네요."라고 대답했습니다. 그러고 나서 그 아이는 이렇게 말했습니다. "사막이 아름다운 이유는 어딘가에 우물이 숨어 있기 때문이에요." "맞아요. 집이든, 별이든, 사막이든, 진정한 아름다움은 눈에 보이지 않죠."

    어린 왕자는 졸린 것 같았습니다. 나는 그 아이를 안고 걸었습니다. 그 아이는 자면서 웃고 있었습니다. 틀림없이 자신의 꽃을 생각하고 있었을 거예요. 다음 날 아침 우리는 우물을 발견했습니다.

8日間 8일 동안　　**なくなる** 없어지다, 다 떨어지다　　**思い出す** 생각해 내다, 떠올리다
どこかに 어딘가에　　**隠れる** 숨다, 보이지 않게 숨다　　**眠い** 졸리다
抱き抱える 끌어안다, 껴안다　　**眠る** 잠들다, 자다　　**きっと** 꼭, 틀림없이

⭐ XXV ⭐

人は 心で さがす ほうほうを まなばないと いけません。

　私は 星の王子さまに むりを して ほしく ありませんでした。「これは 私が やりますよ。」と 言って、いどの 水を くみあげました。 その子は おいしい 水を のみました。 そして こう 言いました。
　「人は 心で さがす ほうほうを まなばないと いけません。」
　星の王子さまは ひつじの ために くちわを 作って ほしいと 言いました。 それで 私は くちわを ひとつ 書きました。 でも なんだか へんな かんじが しました。 私は その子に 言いました。
　「なにか たくらんでいるでしょう。」
　でも その子は 何も こたえませんでした。 すこし じかんが たってから、星の王子さまは 言いました。
　「おじさんは 今から しごとを しないと いけません。 きかいに もどって ください。 ぼくは ここで まって いますから。」

나는 어린 왕자가 무리하는 것을 원하지 않았습니다. "이것은 내가 할게요."라고 말하고, 우물에서 물을 퍼 올렸습니다. 그 아이는 맛있는 물을 마셨습니다. 그리고 이렇게 말했습니다. "사람들은 마음으로 찾는 방법을 배워야 해요."

　어린 왕자는 양을 위한 입마개를 만들어 달라고 말했습니다. 그래서 나는 입마개를 하나 그렸습니다. 하지만 뭔가 이상한 느낌이 들었습니다. 나는 그 아이에게 말했습니다. "무언가 꾸미고 있죠?" 하지만 그 아이는 아무것도 대답하지 않았습니다. 조금 시간이 지나고, 어린 왕자는 말했습니다. "아저씨는 지금부터 일해야 해요. 기계로 돌아가세요. 저는 여기에서 기다리고 있을 거니까요."

無理をする 무리를 하다	汲みあげる (물 등) 퍼 올리다	方法 방법
学ぶ 배우다	口輪 입마개	作る 만들다
なんだか 어쩐지, 왜 그런지	感じがする 느낌이 들다	企む 꾸미다, 꾀하다
経つ (시간이) 지나다	機械 기계	待つ 기다리다

XXVI

たいせつな ことは 目に 見えないんです。

　私が もどったとき、星の王子さまは いどの そばの かべに すわって いました。 その子は だれかと はなして いました。

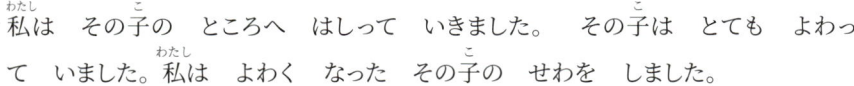

　「きみは ぼくを ながく くるしめない いい どくを もって いますよね。」
　そのとき、私は きいろい へびを 見ました。 私は その子の ところへ はしって いきました。 その子は とても よわって いました。私は よわく なった その子の せわを しました。
　「ぼくは かえります。 おじさんも かえらなければ いけません。 きかいも もう なおりましたよ。」
　その子が 言いました。 そして その子は じぶんの 星のことを こう 言いました。
　「たいせつな ことは 目に 見えないんです。」 そして その子は わらいました。 ああ、私は その わらいごえが 大好きなんです。
　「おじさんは いつまでも ぼくの ともだちです。」
　星の王子さまが また わらいました。
　「ぼくが しんだと おもうかも しれません。 でも それは ちがいます。」
　その夜、私は 星の王子さまと いっしょに いました。 私は その子が こわがっている ことを かんじました。 私たちは いっしょに なきました。 その子は すこし まよいながら たちあがりました。 そして いっぽ ふみだしました。 きゅうに きいろい ひかりが きらめいて、星の王子さまは ゆっくりと たおれました。

내가 돌아왔을 때, 어린 왕자는 우물 옆 벽에 앉아 있었습니다. 그 아이는 누군가와 이야기하고 있었습니다. "너는 나를 길게 고통스럽게 하지 않을 좋은 독을 가지고 있지요." 그때 나는 노란 뱀을 보았습니다. 나는 그 아이에게 달려갔습니다. 그 아이는 매우 약해져 있었습니다. 나는 약해진 그 아이를 돌보았습니다.

　"나는 돌아갈 거예요. 아저씨도 돌아가야만 해요. 기계도 이제 고쳐졌어요." 그 아이가 말했습니다. 그리고 그 아이는 자신의 별에 대해 이렇게 말했습니다. "중요한 것은 눈에 보이지 않아요." 그리고 그 아이는 웃었어요. 아, 나는 그 웃음소리가 정말 좋아요. "아저씨는 언제까지나 내 친구예요." 어린 왕자가 또 웃었어요. "내가 죽었다고 생각할지도 몰라요. 하지만 그건 틀렸어요."

　그날 저녁, 나는 어린 왕자와 함께 있었습니다. 나는 그 아이가 두려워하고 있는 것을 느꼈습니다. 우리들이 같이 울었습니다. 그 아이는 조금 망설이다가 일어섰습니다. 그리고 한발 내디뎠습니다. 갑자기 노란빛이 반짝이고, 어린 왕자는 천천히 넘어졌습니다.

座る 앉다
世話をする 돌보다, 보살피다
いつまでも 언제까지나
感じる 느끼다
踏み出す 걸음을 내딛다
ゆっくりと 천천히

苦しめる 괴롭히다, 고통을 주다
直る 고쳐지다
違う 다르다, 틀리다
迷う 망설이다, 헤매다
ひらめく 번뜩이다, 순간적으로 반짝이다
倒れる 넘어지다, 쓰러지다

弱る 약해지다, 쇠약해지다
大好きだ 매우 좋아하다
怖がる 두려워하다
立ち上がる 일어서다

⭐ XXVII ⭐

もし 金(きん)の かみの 子(こ)どもを 見(み)たら、
それが だれか わかるでしょう。

　あれから 6ねんが たちました。 私(わたし)は これを だれにも 話(はな)したことが ありません。 私(わたし)は いま すこし おちついて います。 私(わたし)は 星(ほし)の王子(おうじ)さまが じぶんの 星(ほし)に もどったことを しって います。 私(わたし)は その子(こ)の いたいを 見(み)つけられませんでしたから。
　私(わたし)は星(ほし)を 見(み)るたびに、 わらって しまいます。 私(わたし)のともだち、星(ほし)の王子(おうじ)さまの ことを おもいだすからです。 その子(こ)の 星(ほし)で 何(なに)かが おこって いるのでは ないかと、よく かんがえます。 もしかしたら ひつじが 花(はな)を 食(た)べて しまったのでは ないでしょうか。 それとも その子(こ)が 花(はな)を 守(まも)って くれたのでしょうか。

　もし 金(きん)の かみの 子(こ)どもを 見(み)たら、それが だれか わかるでしょう。 その子(こ)に やさしく して あげて ください。 そして「星(ほし)の王子(おうじ)さまが かえって きましたよ。」と 私(わたし)に おしえて ください。

그로부터 6년이 흘렀습니다. 나는 이것을 누구에게도 이야기한 적이 없습니다. 나는 지금 조금 진정되었습니다. 나는 어린 왕자가 자신의 별에 돌아갔다는 것을 알고 있습니다. 나는 그 아이의 시신을 찾지 못했기 때문입니다.

    나는 별을 볼 때마다 웃어 버립니다. 내 친구, 어린 왕자를 떠올리기 때문입니다. 그 아이의 별에서 무슨 일이 일어나고 있는 건 아닌지 자주 생각해요. 혹시 양이 꽃을 먹어버린 건 아닐까요? 아니면 그 아이가 꽃을 지켜줬을까요?

    만약 황금빛 머리카락을 가진 아이를 보면, 그게 누구인지 알 수 있을 거예요. 그 아이에게 친절하게 대해 주세요. 그리고 "어린 왕자가 돌아왔어요."라고 나에게 알려 주세요.

落ち着く 진정이 되다 　　**遺体** 시체, 시신 　　**見つかる** 찾게 되다
起こる 일어나다 　　**考える** 생각하다 　　**金** 금, 금색
髪 머리 　　**優しくする** 친절하게 대하다

星の王子さま

初中級
(しょちゅうきゅう)

어린 왕자 초중급편

I

「これは帽子か？」と聞かれた。

　子どもの頃、私はジャングルについて書いてある本にとても夢中だった。その本には、大きな蛇が野生動物を丸呑みする絵が載っていた。私はその絵について長く考え込んだ。それから、私は自分なりの絵を描いてみた。私の絵を大人に見せると、「これは帽子か？」と聞かれた。それは私を悲しませた。それで、私はもう1枚の絵を描いた。その絵では蛇の中を見ることができた。だけど、大人にはその絵も理解してもらわなかった。そして、大人は私に地理を勉強しろと言った。だから私は絵を描くことをやめて、あとで飛行機の操縦士になることにした。地理の知識のおかげで、それはわりと簡単に感じられた。たくさんの大人と交流したにも関わらず、彼らに対する私の意見は変わらなかった。時々、私は1番目の絵を見せながら彼らを試してみたが、いつも帽子だという返事をもらった。それで私は彼らを満足させるために、他の話題について話した。

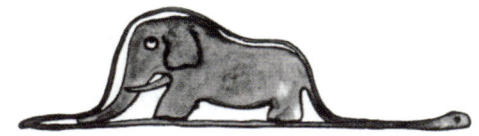

 어렸을 때 나는 정글에 대해 쓰여 있는 책에 푹 빠져 있었다. 그 책에는 거대한 뱀이 야생 동물을 삼키는 그림이 실려 있었다. 나는 그 그림에 대해 오랫동안 생각했다. 그러고 나서, 나는 나만의 그림을 그려보았다. 내 그림을 어른들에게 보여주었을 때, "그건 모자야?"라는 질문을 받았다. 그것은 나를 슬프게 했다. 그래서 나는 다른 1장의 그림을 그렸다. 그 그림에서는 뱀 속을 볼 수 있었다. 그렇지만 그 그림도 어른들은 이해하지 못했다. 그리고 어른들은 나에게 지리를 공부하라고 말했다. 그래서 나는 그림 그리는 것을 그만두고, 나중에 비행기 조종사가 되기로 했다. 지리 지식이 있었기 때문에 그것은 의외로 간단하게 느껴졌다. 많은 어른과 교류했지만, 그들에 대한 나의 의견은 변하지 않았다. 가끔 나는 첫 번째 그림을 보여주면서 그들을 시험해 보았지만, 항상 모자라고 하는 대답을 받았다. 그래서 나는 그들을 만족시키기 위해 다른 주제에 관해 이야기했다.

II

僕のところは何でもすごく小さいんだよ。

長い間、私は本気で話せる相手もなく、一人で生きてきた。6年前、サハラ砂漠で飛行機が故障した。私は一人で、複雑な修理をやりとげる覚悟をした。最初の夜、私は砂の上で眠り、夜明けにあるおかしな声が聞こえて目を覚ました。その声は「羊を描いて。」と私に頼んでいた。私は目を開けた。変わった姿をした小さな子どもが私を真剣に見つめていた。どうして、町から何千キロも離れた砂漠にいるのかはわからなかった。私はその小さな存在を助けたかった。でも、子どもの頃、見えたり見えなかったりする大きな蛇しか描いたことがないから、羊を描くのは難しかった。その小さな子が言った。

「大丈夫、羊を描いて。」

それで私は、自分にできるかぎりの絵を描いた。でもその絵は気に入ってもらえなかった。

その子は言った。

「これじゃない。僕は大きな蛇の中にいる象なんて要らないよ。大きな蛇はとても危ないし、象は場所を取りすぎる。僕のところは何でもすごく小さいんだよ。僕は羊が必要なんだ。」何回も失敗した後、私はこの絵を描いた。

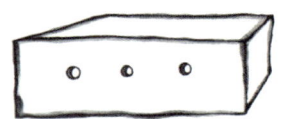

そして私はこう言った。

「これは箱だよ。その中に羊がいるよ。」

その絵は、彼に気に入られた。でも彼はちょっと心配そうに聞いてきた。

「この羊って、草をたくさん食べるのかな?」

「どうして?」

「だって、僕のところは何でもすごく小さいんだから…」

「きっと大丈夫。私は君にとても小さい羊を描いてあげたんだから。」

彼は絵の上に顔を近づけて言った。

「うーん、そんなに小さくはないけど…」

こうして、私は星の王子さまに出会ったのだ。

    오랫동안, 나는 진정으로 이야기할 수 있는 상대도 없이 혼자 살아왔다. 6년 전 사하라 사막에서 비행기가 고장 났다. 나는 혼자서 복잡한 수리를 해내겠다고 각오했다. 첫 번째 저녁에는 나는 모래 위에서 잠들었고, 일출 때 어떤 이상한 목소리가 들려서 눈을 떴다. 그 목소리는 "양을 그려줘."라고 나에게 부탁하고 있었다. 나는 눈을 떴다. 특이한 모습을 한 작은 아이가 나를 진지하게 바라보고 있었다. 왜 마을로부터 수천 킬로미터나 떨어진 사막에 있는지는 알 수 없었다. 나는 그 작은 존재를 도와주고 싶었다. 하지만 어릴 때 보이거나 보이지 않는 거대한 뱀밖에 그린 적이 없었기 때문에, 양을 그리는 것은 어려웠다. 그 작은 아이가 말했다. "괜찮아. 양을 그려 줘." 그래서 나는 할 수 있는 만큼의 그림을 그렸다. 그러나 그 그림은 그의 맘에 들지 않았다. 그는 말했다. "이게 아니야. 나는 거대한 뱀 속에 있는 코끼리는 필요하지 않아. 거대한 뱀은 매우 위험하고 코끼리는 많은 공간을 차지해. 내가 사는 곳은 모든 것이 매우 작아. 난 양이 필요해." 여러 번 실패한 후에 나는 이 그림을 그렸다. 그리고 나는 이렇게 말했다. "이것은 상자야. 그 안에 양이 있어." 이 그림은 그의 마음에 들었다. 하지만 그는 조금 걱정스럽게 물었다. "이 양은 풀을 많이 먹을까?" "왜?" "그게 말야, 내가 사는 곳은 모든 것이 매우 작거든." "분명히 괜찮을 거야. 나는 너에게 매우 작은 양을 그려줬으니까." 그는 그림 위로 얼굴을 가까이 대고 말했다. "음, 그렇게 작지는 않지만..." 이렇게 나는 어린 왕자를 만났다.

⭐ III ⭐

わー！ それ、おもしろいね！

　星の王子さまは多くの質問をしてきたけど、私の質問にはいつも答えずに流してしまうようだった。彼がはじめて私の飛行機を見た時、それが何か知りたがった。私は、それは飛行機というもので、空を飛べるものだと説明した。
　「えっ？ 空から落ちてきたの？」
　「そうだよ。」と私は控えめに答えた。

　「わー！ それ、おもしろいね。」
　そう言って彼は声を上げて笑った。私はちょっと傷ついた。
　彼は心配しているようではなく、代わりに私がどの星から来たのかを聞いた。それで私は、彼が地球の人間ではないと気づいた。でも私が彼にどこから来たのか尋ねると、彼は答えずに羊をじっと見つめていた。私は「その羊をどこに連れて行きたいの？」と聞いて、また夜には羊が逃げないように、ひもでつないでおくことを提案した。でも彼はその考えを変だと思った。「僕のところはとても小さいから、羊が歩き回っても問題にならないんだよ。」と言った。それから悲しそうにこう付け加えた。「でも、どっちにしても遠くまでは行けないんだけどね…」

어린 왕자는 많은 질문을 했지만, 내 질문은 항상 대답하지 않고 넘겨 버리는 것 같았다. 그가 처음 내 비행기를 보았을 때, 그게 무엇인지 알고 싶어했다. 나는 그것은 비행기라는 것이고, 하늘을 날 수 있다고 설명했다. "뭐? 하늘에서 떨어졌다고?" "그래." 내가 소심하게 대답했다. "아! 그거 재미있네." 이렇게 말하고 그는 소리 내서 웃었다. 나는 조금 상처받았다.

 그는 걱정하는 것 같지 않았고 대신 내가 어떤 행성에서 왔는지를 물었다. 그래서 나는 그가 지구 사람이 아니라고 눈치챘다. 하지만 내가 어디에서 왔는지 묻자, 그는 대답하지 않고 양을 가만히 바라보고 있었다. 나는 "그 양을 어디에 데려가고 싶은 거야?"라고 물었고, 또 밤에는 양이 도망가지 못하도록 묶어 둘 것을 제안했다. 하지만 그는 그 생각을 이상하다고 생각했다. "내가 사는 곳은 매우 작아서 양이 돌아다녀도 문제가 되지 않아."라고 말했다. 그러고 나서 슬프게 이렇게 덧붙였다. "하지만 어차피 멀리까지는 못 갈 거니까…"

⭐ IV ⭐

友達を忘れるのは、悲しいことだ。

　星の王子さまのふるさとは、B612の小惑星だと思う。その星はちょうど１軒の家ぐらいの大きさだ。大きな惑星のほかにも、望遠鏡でもほぼ見えないような小さい星が何百もあるんだ。それでそれらは名前もなく、代わりに数字で番号が付けられている。大人は数字だけに興味がある。でも人生を理解している私たちは数字に対して笑ってしまう。

　もしみなさんが大人に「星の王子さまが存在した証拠は、彼が魅力的で、笑って、羊を欲しがっていたことです。羊を欲しがっていることこそが彼が存在した証拠です。」と言ったら、彼らはきっと肩をすくめて、みなさんを子ども扱いするだろう。だからいっそ星の王子さまはB612という小惑星から来たと言ってあげましょう。

　私の友達が羊と一緒にいなくなった時から６年が経った。私は今、ここに彼のことを描いて、忘れないようにしている。友達を忘れるのは、悲しいことだ。でも、みんなが友達を持ったことがあるのではない。

　私の友達は、私に何も説明してくれなかった。たぶん、私が彼と似ていると思っていたのかもしれない。でも私は、もはや箱の中にいる羊を見ることができない。知らないうちに、私も少しずつ大人になってしまったのかもしれない。年をとってしまったのだ。

 어린 왕자의 고향은 B612 소행성이라고 생각한다. 그 행성은 딱 집 한 채의 크기이다. 큰 행성들 외에도 망원경으로도 거의 보이지 않는 작은 행성이 수백 개나 있다. 그래서 그것들은 이름도 없고, 대신 숫자로 번호가 매겨져 있다. 어른들은 숫자에만 관심이 있다. 하지만 인생을 이해하고 있는 우리들은 숫자에 대해서 웃어 버린다.

만약 여러분이 어른들에게 "어린 왕자가 존재한 증거는, 그가 매력적이고, 웃었고, 양을 원했다는 점입니다. 양을 원했다는 것이야말로 그가 존재한 증거입니다."라고 말하면, 그들은 분명 어깨를 으쓱거린 후에 여러분을 어린아이 취급을 할 것이다. 그러니까 차라리 어린 왕자는 B612라는 소행성에서 왔다고 말해 주자.

내 친구가 양과 함께 사라진 때로부터 여섯 해가 지났다. 나는 여기서 그를 묘사하여, 잊지 않으려 하고 있다. 친구를 잊는다는 것은 슬픈 일이다. 하지만 모두가 친구를 가진 적이 있는 것은 아니다.

내 친구는 나에게 어떤 설명도 해주지 않았다. 아마 내가 그와 닮았다고 생각했을지도 모른다. 하지만 나는 더 이상 상자 속에 있는 양을 볼 수 없다. 모르는 사이에 나도 조금씩 어른이 되어 버렸는지도 모른다. 나이를 먹어버리고 말았다.

V

バオバブの木だけは別なんだ。

　星の王子は私にこう尋ねた。
　「羊って、やぶを食べるの?」
　私は「そうだよ。」と答えて、なぜそんなことを聞くのか尋ねた。すると彼は、自分の星にあるバオバブの木が危ないと説明してくれた。また、その木にちゃんと気をつけることがどれだけ大事かを話してくれた。それは、この世界にはいい植物と悪い植物があるからだ。バオバブの種は特にやっかいだ。それは星全体に広まって、星そのものを壊してしまうこともあるらしい。星の王子は、私に「ちゃんと自分のやるべきことをやるんだよ。」と忠告してきた。彼は、自分の星をだめにしてしまった怠け者の話もしてくれた。「仕事を後回しにしても、平気な時もあるけど、バオバブの木だけは別なんだ。後回しにしたら、災難になるんだよ。」ある日、彼はバオバブの木がどのような形をしているのかを子どもたちに知ってもらうために、きれいな絵を描いてほしいと言った。みんなはこう思ったかもしれない。「この本には、バオバブの木のようなすてきな絵はもうないの?」その答えは簡単だ。やってみたけど、うまく描けなかったんだ。でもバオバブの木の絵を描く時、私はそれがとても大事なことだと感じていた。

    어린 왕자는 나에게 이렇게 물었다. "양은 덤불을 먹어?" 나는 "그래"라고 대답하고, 왜 그런 것을 묻는지 질문했다. 그랬더니 그는 자신의 행성이 있는 바오밥나무가 위험하다고 설명해 주었다. 또한, 그 나무에 제대로 주의를 기울이는 것이 얼마나 중요한지를 이야기해 주었다. 그것은 이 세계는 좋은 식물과 나쁜 식물이 있기 때문이다. 바오밥나무의 씨앗은 특히 까다롭다. 그것은 행성 전체에 퍼져서, 행성 자체를 망가뜨려 버리기도 한다고 했다. 어린 왕자는 나에게 "제대로 해야 할 일을 해야 해."라고 충고했다. 그는 자신의 행성을 망쳐버린 게으름뱅이에 관한 이야기도 해 주었다. "일을 미루더라도 괜찮을 때가 있지만, 바오밥나무만큼은 예외야. 그걸 미루면 재앙이 되어버리거든." 어느 날, 그는 바오밥나무가 어떤 모양인지 아이들이 알 수 있도록, 예쁜 그림을 그려달라고 했다. 여러분은 이렇게 생각했을지도 모르겠다. "이 책에는 바오밥나무 그림처럼 멋진 그림은 더 없는 거야?" 그 대답은 간단하다. 시도했지만 잘 그릴 수 없었다. 하지만 바오밥나무 그림을 그릴 때, 나는 그것이 매우 중요한 일이라고 느끼고 있었다.

⭐ VI ⭐

本当に悲しい時、人は夕焼けが好きになるんだ。

　ああ、星の王子さまよ。どうして君の生活があんなに悲しかったのか、今なら私にも分かる気がする。君は夕焼けが好きだったね。だって、夕焼けは君の気をまぎらわせてくれたから。君の小さな星では、椅子を少し動かすだけで、いつでも君が望む時に夕焼けを見ることができた。ある日は、君は一日に44回も夕焼けを見たんだよね。

　「ねえ、知ってる？ 本当に悲しい時、人は夕焼けが好きになるんだ…」
　君はそう言っていた。
　「それを44回も見た日は特に悲しかったの？」と私が尋ねたが、君は何も答えてくれなかった。

아, 어린 왕자야. 왜 너의 삶이 그렇게 슬펐는지 지금이라면 나도 알 수 있을 것 같아. 너는 저녁노을을 좋아했지. 왜냐하면 저녁노을이 너의 마음을 달래주었으니까. 너의 작은 행성에서는 의자를 조금 움직이는 것만으로 언제든지 네가 원하는 시간에 저녁노을을 볼 수 있었어. 어느 날은 저녁노을을 연달아 44번이나 본 적도 있었지. "저기, 알지? 정말 슬플 때면 사람은 저녁노을을 좋아하게 된다는 거…" 너는 그렇게 말했지. "그걸 44번이나 본 날은 특별히 더 슬펐니?"라고 내가 물었는데, 너는 아무것도 대답하지 않았어.

⭐ VII ⭐

涙の国には、たくさんの秘密があるんだ。

　ある日、私はもう一度羊のおかげで、星の王子さまの生活にあるもうひとつの秘密を知った。彼はためらうことなく私に聞いてきた。「羊がやぶを食べるなら、とげのある花も食べちゃうの？」私は、羊は何でも食べるよ、とげのある花だってね、と答えた。すると星の王子さまは、とげってなんのためにあるのか聞いてきた。私はちょっといら立って、「とげなんて意味ないよ。ただ意地悪に育つだけなんだ。」と言ってしまった。すると星の王子さまは反論した。

　「花は、自分を守ろうとしてるんだよ。本当はとっても弱いんだ。」

　でも私はいらいらしながらこう言ってしまった。

　「私はもっと大事なことをやらなきゃいけないんだ。飛行機の修理があるんだよ。」

　すると星の王子さまは怒り出した。

　「おじさんは、大人みたいなこと言ってる！なんでもごちゃまぜにして！」

　彼は、羊と花の大切さ、そして花がどれだけ特別かを私に伝えようとした。彼は泣き出して、私は考え込んでしまった。私は物事の大切さについて深く考えた。心がつらくなって、羊のための口輪を描いてあげると彼に約束した。でも彼はずっと泣き続けていた。私はどうしたら彼を助けられるか知らなかった。涙の国には、たくさんの秘密があるんだ。

어느 날, 나는 다시 한번 양 덕분에, 어린 왕자의 삶에 놓인 또 다른 비밀을 알게 되었다. 그는 망설임 없이 내게 물었다. "양이 덤불을 먹는다면, 가시가 있는 꽃도 먹을까?" 나는 양은 뭐든지 먹어, 가시가 있는 꽃까지, 라고 대답했다. 그러자 어린 왕자는 가시는 왜 존재하는지에 관해서 물었다. 나는 조금 짜증이 나서 "가시는 의미가 없어. 그냥 심술궂게 자랄 뿐이야."라고 말해버렸다. 그러자 어린 왕자는 반박했다. "꽃은 자신을 보호하려 하는 거야. 사실은 아주 약해." 하지만 나는 짜증이 나서 이렇게 말해 버렸다. "나는 지금 더 중요한 걸 해야 해. 비행기를 고쳐야 한다고." 그러자 어린 왕자는 화를 냈다. "아저씨는 어른처럼 말하고 있어! 모든 걸 뒤섞어 버리잖아!" 그는 양과 꽃의 소중함, 그리고 꽃이 얼마나 특별한지 나에게 전하려고 했다. 그는 울기 시작했고, 나는 생각에 잠겼다. 나는 사물의 소중함에 대해서 깊이 생각했다. 마음이 아파져서 양을 위한 입마개를 그려주겠다고 그에게 약속했다. 하지만 그는 계속 울기만 했다. 나는 어떻게 하면 그를 도울 수 있는지 알지 못했다. 눈물의 땅에는 많은 비밀이 있다.

⭐ VIII ⭐

花の言葉に耳を傾けてはいけなかったんだ。

私はすぐに星の王子さまの花についてもっとよく知るようになった。彼の星にはいつも小さな花が咲いていたけど、その花ほど美しいものは見たことがなかった。彼は、その花を自分の星で見つけた。その花がどのように育ち、自分をどんな風に美しく飾ったのかを、注意深く見守っていた。そしてやがて花が咲いた時、その花は自分の美しさをとても誇りに思っていた。そうだよ！花はとても虚栄心が強かった。そしてその花は何日も鏡の前に立っていたりもした。花は上品な虚栄心と小さな嘘で星の王子さまを困らせた。夜になると、花はガラスのドームに入れて欲しいとお願いもした。星の王子さまはその花が好きだったが、やがて疑うようになった。

でも彼は自分が間違ったことに気づいた。「僕は花の言葉に耳を傾けてはいけなかったんだ。」とある日、彼が私に打ち明けた。「花の言葉に耳を傾けてはいけない。見て香りを楽しむことができるのが花なのに、僕はその花を言葉ではなく行動で判断すべきだったよ。逃げなきゃよかったのに。あの花は僕に香りをくれたよ。また僕のために光ってくれた。その小さな悪意の裏にあったその子の優しさに気づくべきだった。花は矛盾だらけだよ。でも僕はその花を愛するにはあまりにも若すぎたんだよ。」

    나는 곧 어린 왕자의 꽃에 대해서 더 자세히 알게 되었다. 그의 행성에는 항상 작은 꽃들이 피어 있었지만, 그 꽃처럼 아름다운 꽃은 본 적이 없었다. 그는 그 꽃을 자신의 행성에서 발견했다. 그 꽃이 어떻게 자랐고, 자신을 어떻게 아름답게 꾸몄는지 주의 깊게 지켜보았다. 그리고 마침내 꽃이 피었을 때, 그 꽃은 자신의 아름다움을 매우 자랑스러워했다. 그렇지! 꽃은 매우 허영심이 강했다. 그리고 그 꽃은 며칠이나 거울 앞에 서 있기도 했다. 꽃은 우아한 허영심과 작은 거짓말로 어린 왕자를 괴롭혔다. 밤이 되자, 꽃은 유리 뚜껑 안에 넣어달라고 부탁하기도 했다. 어린 왕자는 그 꽃을 좋아했지만 얼마 안 있어 의심하기 시작했다. 하지만 결국 그는 자신이 실수했다고 깨달았다. "나는 꽃의 말에 귀 기울이지 말아야 했어."라고 어느 날 그는 나에게 털어놓았다. "꽃의 말에 귀를 기울이면 안 돼. 꽃은 보고 향기를 즐길 수 있는 존재인데, 나는 그 꽃을 말이 아니라 행동으로 판단해야 했어. 도망치지 않았으면 좋았을걸. 그 꽃은 나에게 향기를 주었어. 그리고 나를 위해서 빛나 주었어. 그 작은 악의 뒤에 있던 그 아이의 다정함을 알아차려야 했어. 꽃은 모순투성이야. 하지만 나는 그 꽃을 사랑하기에는 너무나도 어렸어."

⭐ IX ⭐

とてもプライドが高い花だった。

　星の王子は、渡り鳥の群れの力を借りて、自分の星から旅立った。出発する前に、彼は星の掃除をして、火山もきれいにした。またバオバブの最後の芽も抜いた。星の王子さまは自分がもう戻ってこられないかもしれないと思って、少し寂しくなった。彼は最後に、花に水をあげながら泣きたい気持ちになった。花は彼を愛していると話して、彼が幸せになるように願った。花は彼にガラスのドームを取ってほしいと言った。
　「夜風は私にいいと思う。蝶に会うためなら毛虫くらいは我慢できるよ。また、大きな動物は怖くないよ。私にはとげがあるもの。」
　別れのあいさつをしながらその花は言った。
　「そんなにぐずぐずしないで。行くって決めたなら、早く行きなさい。」
　花は自分が泣く姿を彼に見せたくなかった。とてもプライドが高い花だった。

 어린 왕자는 철새 무리의 힘을 빌려, 그의 행성에서 여행을 떠났다. 출발하기 전에 그는 행성을 청소하고 화산도 깨끗하게 했다. 또한 바오밥나무의 마지막 싹을 뽑았다. 어린 왕자는 자신이 다시는 돌아올 수 없을지도 모른다고 생각하며 조금 슬퍼졌다. 그는 마지막으로 꽃에 물을 주면서 울고 싶은 기분이 되었다. 꽃은 그를 사랑한다고 말하고, 그가 행복해지기를 바랐다. 그는 그에게 유리 뚜껑을 치워달라고 말했다. "밤바람은 나에게 좋을 거라고 생각해. 나비를 만나기 위해서라면 애벌레 정도는 견뎌낼 수 있어. 그리고 큰 동물은 두렵지 않아. 나에겐 가시가 있으니까." 작별 인사를 하며 그 꽃은 말했다. "그렇게 꾸물거리지 마. 가기로 정했다면 빨리 가." 꽃은 자신이 우는 모습을 그에게 보이고 싶지 않았다. 매우 자존심이 강한 꽃이었다.

⭐ X ⭐

大人って、本当におかしいよ。

　星の王子さまは、いくつかの星を旅した。最初に訪れた星で、ある王さまと出会った。その王さまは「王であること」にとてもこだわっていた。その王さまは自分が全てのもの、星さえも治めていると主張した。また「不服従は絶対に許さない」と言った。星の王子さまはこうお願いした。
　「僕、夕焼けがすごく見たいんです。僕を喜ばせてください。どうか太陽に沈むように命令してください。」
　でも王さまはそれを断って、「実行できない命令は出さない。」と説明した。星の王子さまは興味をなくしたので、その星から出ようとした。でも、王さまは彼に出てほしくなかったので、自分の法務大臣にしようとした。でも彼はこう言った。
　「でも、裁く人がいないじゃないですか。」
　「なら、自分を裁くのだ。」と王さまは答えた。
　「他人を裁くよりも、自分を裁く方がずっと難しいのだ。」
　星の王子さまは静かに答えた。
　「僕はどこにいても、自分のことは自分で裁けますよ。そんなことのためにここにいる必要はありません。」
　その時、王さまは、島に住んでいるネズミのことを思い出した。
　「そのネズミを死刑にして、それから恩赦してやりなさい。それを繰り返すのだ。」と提案した。
　でもそれは星の王子さまは気に入らず、彼は星を出る準備をした。
　「じゃあ、お前を私の大使に任命する！」と、王さまは彼の後ろから叫んだ。
　「大人って、本当におかしいよ。」と星の王子さまはつぶやいた。

어린 왕자는 몇 개의 행성들을 여행했다. 처음 방문한 행성에서 한 왕을 만났다. 왕은 "왕"이라는 자체에 매우 집착했다. 그 왕은 자신이 모든 것, 별까지도 다스리고 있다고 주장했다. 또한 "불복종은 절대로 용서하지 않는다."고 말했다. 어린 왕자는 이렇게 부탁했다. "저는 저녁노을이 정말 보고 싶어요. 저를 기쁘게 해 주세요. 해가 지도록 명령해 주세요." 하지만 왕은 그것을 거절하며, "실행할 수 없는 명령은 내리지 않는다."고 설명했다. 어린 왕자는 흥미를 잃었기 때문에, 그 행성을 떠나려고 했다. 하지만 왕은 그가 떠나는 것을 원치 않았기 때문에 자신의 법무부 장관으로 삼으려 했다. 그러나 그는 이렇게 말했다. "하지만 재판할 사람이 없잖아요." "그렇다면 자신을 재판하면 된다."라고 왕이 대답했다. "다른 사람을 재판하는 것보다 자신을 재판하는 것이 더욱 어렵단다." 어린 왕자는 조용히 대답했다. "저는 어디에 있어도 자신을 재판할 수 있어요. 그런 것 때문에 여기에 있을 필요는 없어요." 그때, 왕은 섬에 사는 쥐를 생각해 냈다. "그 쥐에게 사형을 내리고, 그리고 사면해 주거라. 그것을 반복하는 것이다."라고 제안했다. 하지만 그것도 어린 왕자의 마음에 들지 않았고, 그는 별을 떠날 준비를 했다. "그러면 너를 내 대사로 삼겠다!"라고 왕이 그의 뒤에서 소리쳤다. "어른들은 정말 이상해."라고 어린 왕자는 중얼거렸다.

⭐ XI ⭐

大人って、本当に変わってるよね。

　二つ目の星には、うぬぼれ屋が住んでいた。そのうぬぼれ屋は、星の王子さまがやってきたことをとても喜んだ。そして自分の帽子の使い方を説明しはじめた。
　「誰かが僕を褒めてくれたら、この帽子であいさつするんだよ。ちょっと拍手してくれない？」
　うぬぼれ屋が星の王子さまに頼んだ。彼は言われたとおりに拍手した。すると、うぬぼれ屋は帽子を振り上げて、あいさつした。二人は、そんなやりとりを何度も繰り返した。でもすぐに、星の王子さまは退屈してしまった。彼はこう尋ねた。
　「帽子が落ちるには何が必要なの？」
　でもうぬぼれ屋は、褒め言葉しか聞こうとしなかった。その人は「あなたはこの星で、一番かっこよくて頭がいい人ですね。」と、誰かに言われることだけを願っていた。結局、星の王子さまは、彼が望んでいたとおりに褒めてあげて、また次の星へと旅立った。
　「大人って、本当に変わってるよね。」と彼は旅路で思った。

　두 번째 행성에는 허영심 많은 사람이 살고 있었다. 그 허영심 많은 사람은 어린 왕자가 온 것을 매우 기뻐했다. 그리고 자기 모자의 사용법을 설명하기 시작했다. "누군가가 나를 칭찬하면, 이 모자로 인사하는 거야. 한번 박수 쳐 줄래?" 허영심 많은 사람이 어린 왕자에게 부탁했다. 그는 그 말대로 손뼉을 쳤다. 그러자 허영심 많은 사람은 모자를 들어 올리며 인사했다. 그들은 그런 대화를 여러 번 주고받았다. 하지만 금방 어린 왕자는 지루해졌다. 그가 이렇게 물었다. "모자가 떨어지기 위해선 무엇이 필요해?" 하지만 허영심 많은 사람은 칭찬만 들으려고 했다. 그 사람은 "당신은 이 행성에서 가장 멋있고 똑똑한 사람이군요."라고 누군가 말해주기만을 바라고 있었다. 결국 어린 왕자는 그가 원하는 대로 칭찬해 주고, 다시 다른 별로 여행을 떠났다. "어른들은 정말 별나구나."라고 그는 여행길에서 생각했다.

⭐ XII ⭐

大人って、本当に不思議だね。

　次の星には、飲んだくれが住んでいた。それはとても短い訪問だった。
　「そこで何をしているの?」と星の王子さまはその人に尋ねた。
　「忘れるために飲んでるんだよ。」と、飲んだくれは答えた。
　「何を忘れたいの?」
　星の王子さまは知りたかった。その人は「自分が恥ずかしいってことを、忘れたいんだ。」と打ち明けた。星の王子さまは、その人を助けたかったので、「何がそんなに恥ずかしいの?」と尋ねた。
　「飲んでるのがさ。」
　飲んだくれはこう言って、それっきり口を閉じてしまった。とてもこんがらがってしまった星の王子さまはまた旅を続けた。
　「大人って、本当に不思議だね。」と彼は思った。

다음 행성에는 술꾼이 살고 있었다. 그건 아주 짧은 방문이었다. "거기서 뭐 하고 있어?"라고 어린 왕자는 그 사람에게 물었다. "잊기 위해서 술을 마시고 있어."라고 술꾼이 대답했다. "무엇을 잊고 싶은데?" 어린 왕자는 알고 싶었다. 그 사람은 "내가 부끄럽다는 것을 잊고 싶어."라고 고백했다. 어린 왕자는 그 사람을 돕고 싶었기 때문에 "뭐가 그렇게 부끄러워?"라고 물었다. "술을 마시는 것이." 술꾼은 이렇게 말하고, 다시는 아무 말도 하지 않았다. 매우 혼란스러워진 어린 왕자는 다시 여행을 계속했다. "어른들은 정말 희한하구나."라고 그는 생각했다.

⭐ XIII ⭐

大人って、本当に変だよ。

　四つ目の星のビジネスマンは星の王子さまに構っている暇もなかった。その人は、星を数えるのに夢中で、すでに五億百万以上の星を持っていた。それが、その人をお金持ちにした。彼は、「最初に思いついたものは自分のものになる」と信じていた。でも、星の王子さまはその人の考えに感動しなかった。だって、星ってスカーフみたいに持ち歩けるわけじゃないから。ビジネスマンは星を銀行に持って行けると言った。

　「それって、どういう意味ですか？」
　「僕が星の数を紙に書くことを言ってるんだよ。その後、それを引き出しにしまっておくんだよ。」
　「それが全部ですか？」
　「それで十分だよ。」
　「それって本当におかしいですね。」
　星の王子さまが言った。そして彼はつぶやいた。
　「僕は毎日水をあげる花を一つ持っている。毎週掃除する火山も三つあるし。僕の火山と花には僕が所有者であることが役に立つはずよ。でも彼は彼の星に全然役に立ってないよね。ビジネスマンは何か言い返そうとしたけど、何も言い返せなかった。星の王子さまはまた旅を続けた。
　「大人って、本当に変だよ。」と彼は思った。

　네 번째 행성의 사업가는 어린 왕자를 상대할 여유가 없었다. 그 사람은 별을 세는 데 몰두하였고, 이미 오억 백만 개 이상의 별을 소유하고 있었다. 그게 그 사람을 부자로 만들었다. 그는 '처음으로 떠올린 것은 자기 것이 된다'라고 믿고 있었다. 하지만 어린 왕자는 그의 생각에 감명받지 못했다. 왜냐하면, 별은 스카프처럼 들고 다닐 수 없기 때문이다. 사업가는 별을 은행에 가져갈 수 있다고 말했다.

　"그게 무슨 의미예요?" "내가 별의 개수를 종이에 적는 걸 말하는 거야. 그다음에 그것을 서랍에 넣어두는 거지." "그게 전부예요?" "그걸로 충분해." "그거 진짜 웃기네요." 어린 왕자는 말했다. 그리고 그는 중얼거렸다. "나는 매일 물을 주는 꽃을 하나 소유하고 있어. 매주 청소하는 화산도 셋 있고. 내 화산과 꽃에게는 내가 소유자인 것이 도움이 될 거야. 하지만 그는 자기 별들에게 전혀 쓸모가 없어." 사업가는 뭔가 반박하려고 했지만, 아무 말도 하지 못했다. 어린 왕자는 다시 여행을 계속했다. "어른들은 정말 이상해." 라고 그는 생각했다.

XIV

でも彼の星は本当に小さすぎる。

　星の王子さまは五つ目の星を訪れた。そこで彼は灯りの係に出会った。その人は決まりどおりに、灯りをつけたり消したりしていた。その星は、とても速く回っていたから、その人はまったく休む時間がなかった。星の王子さまはその人に提案した。
　「この星は小さいから、三歩でぐるっと回れるよ。太陽を楽しみたいなら、歩くスピードをゆっくりすればいいんだよ。」でもその人はゆっくり歩くことより、眠ることを好んだから、その話には乗らなかった。その人はちょっと変わったように見えたが、星の王子さまは、その人が自分勝手じゃないことをよしと思った。星の王子さまはその星にずっと滞在したいと思った。でも、その星は二人で住むには小さすぎた。彼はため息をついて、心の中でこう思った。
　「この人は私と友達になれる唯一の人だ。でも彼の星は本当に小さすぎる。」
　言葉にできない気持ちが込み上げてきた。この星では、なんと1日で1,440回も夕焼けが見られるんだった。それが、彼が一番恋しかったものだった。

 어린 왕자는 다섯 번째 행성을 방문했다. 그곳에서 가로등 관리인을 만났다. 그 사람은 정해진 대로 가로등을 켜거나 끄고 있었다. 그 별은 매우 빠르게 돌고 있었기 때문에, 그 사람은 전혀 쉴 시간이 없었다. 어린 왕자는 그 사람에게 제안했다. "이 별은 작으니까 세 걸음만 걸어도 한 바퀴 돌 수 있어. 태양을 즐기고 싶다면 걷는 속도를 느리게 하면 될 거야." 하지만 그 사람은 천천히 걷는 것보다 자는 것을 선호했기 때문에, 그 제안을 받아들이지 않았다. 그 사람은 조금 이상해 보였지만, 어린 왕자는 그 사람이 이기적이지 않다는 점을 좋게 생각했다. 어린 왕자는 그 행성에 계속 머물고 싶다고 생각했다. 하지만 그 행성은 두 사람이 살기에는 너무 작았다. 그는 한숨을 쉬고, 마음속으로 이렇게 생각했다. "이 사람은 나와 친구가 될 수 있는 유일한 사람이야. 하지만 그의 별은 정말로 너무 작아." 말로 할 수 없는 감정이 북받쳐 올랐다. 이 행성에서는 하루에 무려 1,440번이나 저녁노을을 볼 수 있었다. 그것이 그가 가장 그리워했던 것이다.

⭐ XV ⭐

それは何かがまもなく消えてしまうという意味なんだ。

　星の王子さまは、六つ目の星を訪れた。そこには、地理学者が住んでいた。その人は、たくさんの本を書いている人だった。その人は自分が海や川、町や山、そして砂漠の場所を知っている学者だと説明した。星の王子さまは彼の星について尋ねた。でもその人は探検をしないから、何も知らなかった。探検家がやってきて、彼に信頼できる情報を提供すると、地理学者は証拠を要求した。地理学者は星の王子さまに、彼の星について聞いた。彼は自分の星について説明しながら、三つの火山と一つの花のことを話した。地理学者は、花は儚いものだから記録しないと言った。地理の本には永遠のものしか書かないのだと言った。星の王子さまは「儚さ」がどんな意味かを尋ねた。

　「それは何かがまもなく消えてしまうという意味なんだ。」

　「僕の花って消えてしまうんだ。」と星の王子さまはつぶやいた。

　「それなのに、あの花をひとりぼっちにしてきちゃったんだ。」

　その時、彼は初めて後悔した。それでも彼は尋ねた。

　「僕はどこへ行けばいいと思いますか？」

　「地球という星に行くといい。」と地理学者は答えた。星の王子さまは旅に出た。心の中では、ずっと花のことを考えていた。

　어린 왕자는 여섯 번째 행성을 방문했다. 거기에는 지리학자가 살고 있었다. 그 사람은 많은 책을 쓰고 있는 사람이었다. 그 사람은 자신이 바다, 강, 도시, 산, 그리고 사막의 위치를 알고 있는 학자라고 설명했다. 어린 왕자는 그의 행성에 관해서 물었다. 하지만 그 사람은 탐험하지 않기 때문에, 아무것도 몰랐다. 탐험가가 와서 그에게 신뢰할 수 있는 정보를 제공하면, 지리학자는 증거를 요구했다. 지리학자는 어린 왕자에게 그의 행성에 관해서 물었다. 그는 자기 행성에 관해 설명하면서, 화산이 셋, 꽃이 하나 있는 것을 이야기했다. 지리학자는 꽃은 덧없는 것이기 때문에 기록하지 않을 거라고 말했다. 지리책에는 영원한 것만 쓴다고 말했다. 어린 왕자는 '덧없음'이 어떤 의미인지 물었다. "그것은 무언가가 곧 사라진다는 것을 의미하지." "내 꽃은 사라져 버리는 거구나."라고 어린 왕자는 혼잣말했다. "그런데도 나는 그 꽃을 혼자 남겨두고 와 버렸어요." 그 순간 그는 처음으로 후회했다. 그럼에도 그는 물었다. "저는 어디로 가면 좋을까요?" "지구라는 행성에 가는 게 좋겠다."라고 지리학자는 대답했다. 어린 왕자는 여행을 떠났다. 마음속으로는 계속 꽃을 생각하고 있었다.

XVI

彼らは年に2回しか働いていなかった。

　七つ目の星は、地球だった。そこには、王さまが111人、地理学者が7,000人、ビジネスマンが90万人、飲んだくれが750万人、うぬぼれ屋は3億1,100万人もいた。それらを含めて地球には本当にたくさんの人が住んでいた。昔、地球では、道を明るくするために、六つの大陸すべてに462,511人の灯りの係が働いていた。灯りの係は、ニュージーランドとオーストラリアをはじめ、北アメリカに至るまで、順番に仕事をしていた。北極の灯りの係と、彼らの仲間である南極の係だけはゆとりある生活をした。彼らは年に2回しか働いていなかった。

일곱 번째 행성은 지구였다. 그곳에는 왕이 111명, 지리학자가 7,000명, 사업가가 90만 명, 술꾼이 750만 명, 허영심 많은 사람이 3억 1,100만 명 있었다. 그들이 포함하여 지구에는 정말로 많은 사람이 살고 있었다. 오래전 지구에서는 길을 밝히기 위해 여섯 대륙 전부 해서 462,511명의 가로등 관리인이 일하고 있었다. 가로등 관리인은 뉴질랜드와 호주를 시작으로, 북미에 이르기까지 차례대로 일하고 있었다. 북극의 가로등 관리인과 그들의 동료인 남극의 가로등 관리인만이 여유로운 생활을 했다. 그들은 일 년에 2번만 일하면 되었다.

⭐ XVII ⭐

地球はとても広いから、地球に住んでいる人は寂しいかもしれない。

　　時々、賢く見えるために、少しだけ嘘をつくこともある。私がみなさんに灯りの係について話した時、実は私は完全に正直ではなかった。人間が地球で占めている空間はとてもわずかなので、私たちの星について間違ったイメージができるかもしれない。もし20億人がぴったりくっついて立っていたら、約52平方キロメートルの広場があれば十分だと思う。でも、地球はそれよりずっと大きい。

　　星の王子さまは、地球のアフリカに着陸した。そこで黄色い蛇に出会った。彼は蛇に人に関して尋ねてみた。蛇は「地球はとても広いから、地球に住んでいる人は寂しいかもしれない。」と答えた。蛇は彼を助けてあげると提案した。「花こう岩でできた星では、君のような弱い者はかわいそうに見える。いつか自分の星を恋しく思うようになったら、僕が助けてあげられるよ。君をそこに帰してあげることができるんだ。」「ああ、わかった。」と星の王子さまが答えた。そして、二人は黙り込んだ。

가끔은 똑똑해 보이기 위해 약간의 거짓말을 하기도 한다. 내가 여러분에게 가로등 관리인에 관해 이야기했을 때, 사실 나는 완전히 솔직하지 않았다. 인간이 지구에서 차지하는 공간은 아주 작아서, 우리는 우리 행성에 대해 잘못된 이미지를 가질지도 모른다. 만약 20억 명의 사람이 꼭 붙어서 서 있다면, 약 52제곱킬로미터의 광장만 있어도 충분하다고 생각한다. 하지만 지구는 그것보다 훨씬 더 크다.

어린 왕자는 지구의 아프리카에 착륙했다. 거기서 노란 뱀을 만났다. 그는 뱀에게 사람에 관해 물어보았다. 뱀은 "지구는 아주 넓어서 지구에 사는 사람들은 외로울지도 몰라."라고 대답했다. 뱀은 그를 도와주겠다고 제안했다. "화강암으로 된 별에서는, 너처럼 약한 존재는 불쌍해 보이거든. 언젠가 자신의 별이 그리워지게 된다면, 내가 널 도와줄 수 있어. 널 그곳으로 되돌려 보내줄 수 있거든." "아, 알겠어."라고 어린 왕자가 대답했다. 그리고 둘은 말없이 침묵했다.

⭐ XVIII ⭐

人は根っこがないから、きっと困るでしょう。

　星の王子さまは砂漠をさまよっていて、一輪の小さな花に出会った。本当に小さい花だった。
　「こんにちは。」
　星の王子さまが言った。
　「こんにちは。」
　花が答えた。
　「人はどこにいるの?」
　星の王子さまが丁寧に尋ねた。
　花は、いつか何人かの人たちが通ったのを見たことがあった。
　「人?そうね、6人か7人くらいだったと思うわ。人を見たけど、何年も前のことよ。どこで人に会えるかはわからないわ。風が人をあちこちに運んでしまうの。人は根っこがないから、きっと困るでしょう。」
　それから、二人は別れのあいさつをした。

어린 왕자는 사막을 돌아다니다가 꽃 한 송이를 만났다. 아주 작은 꽃이었다. "안녕." 어린 왕자가 말했다. "안녕." 꽃이 대답했다. "사람들은 어디 있어?" 어린 왕자가 정중하게 물었다. 꽃은 언젠가 몇 명이 지나가는 것을 본 적이 있었다. "사람들? 그러게, 여섯이나 일곱 명이었던 것 같아. 사람들을 보긴 했지만 몇 년 전 일이야. 어디에서 사람들을 만날 수 있을지는 몰라. 바람이 사람들을 여기저기로 날려 버리거든. 사람들은 뿌리가 없어서 곤란할 거야." 그리고 그들은 작별 인사를 했다.

⭐ XIX ⭐

なんておかしな星なんだろう。

　星の王子さまは高い山に登った。星全体と人を見渡すためだった。でも、彼に見えたのは岩のてっぺんだけだった。彼は空に向かって「こんにちは！」と叫んだ。すると、こだまがそのまま返事した。一人ぼっちだったので、こだまに「友達になって。」と頼んでみた。でも、こだまは彼の言葉を繰り返すだけだった。星の王子さまは、この星の人たちは想像力がないんだと思った。

　「なんておかしな星なんだろう。」と彼は考えた。
　「僕のうちには花があった。あの花はいつも先に話しかけてくれたのに。」

어린 왕자는 높은 산에 올라갔다. 행성 전체와 사람을 둘러보기 위해서였다. 하지만 그에게 보인 것은 바위의 꼭대기뿐이었다. 그는 하늘을 향해 "안녕!"이라고 외쳤다. 그랬더니 메아리가 그대로 대답했다. 외톨이였기 때문에 메아리에게 "친구가 되어줘."라고 부탁해 보았다. 하지만 메아리는 그의 말을 반복할 뿐이었다. 어린 왕자는 이 행성의 사람들은 상상력이 없다고 생각했다. "진짜 이상한 행성이네."라고 그는 생각했다. "우리 집에는 꽃이 있어. 그 꽃은 항상 먼저 말 걸어 주었는데."

⭐ XX ⭐

これじゃ、偉大な王子って言えないよね。

　星の王子さまは、砂、岩、雪を越えて、ついにバラが咲いている庭へと続く道を見つけた。彼はバラが自分の花とそっくりだったので、驚いた。そしてとても悲しくなった。自分の花が、「この世界に私のような花は一つしかない。」とよく言っていたからだ。

　「この光景を見たら、あの花はきっと深く傷つくだろうな。」と彼は思った。それから心の中で言った。

　「あの花が唯一だったから、自分は大事なものを持っていると思っていたんだ。でも、僕が持っているのは、ありふれたバラ一輪と、ひざくらいの高さしかない火山が三つ。そのうちの一つは、もう消えてしまったかもしれない。これじゃ、偉大な王子って言えないよね。」

　そして彼は草の上に寝転んで、涙をこぼした。

　어린 왕자는 모래, 바위, 눈을 지나 마침내 장미가 피어 있는 정원으로 가는 길을 발견했다. 그는 장미가 자신의 꽃과 똑 닮아서 놀랐다. 그리고 매우 슬퍼졌다. 자기 꽃이 "이 세상에 나 같은 꽃은 하나밖에 없어."라고 자주 말했기 때문이다. "이 광경을 본다면, 그 꽃은 분명히 깊이 상처받겠지."라고 그는 생각했다. 그러고 나서 혼잣말했다. "그 꽃이 유일했기 때문에, 나는 소중한 것을 가지고 있다고 생각했어. 하지만 내가 가지고 있는 건 흔해 빠진 장미 한 송이와, 무릎 정도의 높이인 화산 세 개뿐이야. 그중 하나는 벌써 꺼졌을지도 몰라. 이래서는 위대한 왕자라고 말할 수 없잖아." 그리고 그는 잔디에 누워 눈물을 흘렸다.

⭐ XXI ⭐

本当に大事なものは、目には見えないんだ。

その瞬間、一匹の狐が現れた。
「こんにちは。」と狐が言った。
「こんにちは。」と星の王子さまは丁寧に返事をして、振り向いたが、何も見えなかった。
「ここにいるよ。」と声がした。「りんごの木の下だよ。」
狐は「なつく」ってどういう意味かを教えてくれた。
「誰かになついたら、その人は世界でたった一人の特別な存在になるんだ。」
狐は星の王子に、「僕をなつかせてほしい。」と頼んだ。でも星の王子には、そうする時間がなかった。彼はもっとたくさんのものを見つけて、友達もたくさん作りたかったからだ。
「人には、もう友達がいない。なつこうとしないからだ。」と狐が言った。それで、星の王子は、狐をなつかせることに決めた。「僕、何をすればいいの？」と尋ねた。
「我慢が必要だよ。君は僕と毎日少しずつ近づいていけるよ。」と狐は答えた。
次の日、星の王子は約束どおりにやってきた。
「同じ時間に来てくれたらよかったのに。」と狐が言った。
「たとえば、君が午後4時に来るってわかっていたら、僕は3時からもう嬉しくなっているはずなんだ。でも、君がいきなり来たら、いつ準備すればいいのか、ずっとわからないんだ。ルールが必要なんだよ。」こうして、狐は王子になついていった。
星の王子はまたバラを見に行って、心の中で思った。
「僕の花は君たちに似ているけど、それは特別で大切なんだ。だってあの花は僕になついていたから。」
狐と別れる時がやってきた。
「さようなら。」と狐が言った。そしてこう付け加えた。
「友情の秘密はとてもシンプルだよ。心だけで見ることができるよ。本当に大

事
じ
なものは、目
め
に見
み
えないんだ。君
きみ
のバラが特別
とくべつ
なのは、君
きみ
がそのバラのために
時間
じ かん
を使
つか
ったからだよ。人
ひと
はそれを忘
わす
れてしまったんだ。君
きみ
は忘
わす
れちゃいけない
よ。君
きみ
には、あのバラに対
たい
して責任
せきにん
があるから。」

　그 순간 여우 한 마리가 나타났다. "안녕." 이라고 여우가 말했다. "안녕."이라고 어린 왕자는 정중하게 대답하며 주위를 돌아보았지만, 아무것도 보이지 않았다. "여기 있어." 라는 목소리가 들렸다. "사과나무 아래야." 여우는 "길들여지다"라는 것이 어떤 의미인지 가르쳐 주었다. "누군가에게 길들여지면, 그 사람은 세상에서 단 하나뿐인 특별한 존재가 되는 거야." 여우는 어린 왕자에게 "나를 길들여 줘."라고 부탁했다. 하지만 어린 왕자에게는 그럴 시간이 없었다. 그는 더 많은 것을 발견하고, 친구도 더 많이 만들고 싶었기 때문이다.

　"사람들에겐 이제 친구가 없어. 길들여지려고 하지 않기 때문이지."라고 여우가 말했다. 그래서 어린 왕자는 여우를 길들이기로 결심했다. "내가 뭘 하면 돼?"라고 물었다. "인내심이 필요해. 너는 매일 조금씩 나와 가까워질 수 있을 거야."라고 여우는 대답했다. 다음날 어린 왕자는 약속대로 왔다. "같은 시간에 왔으면 좋았을 텐데."라고 여우가 말했다. "예를 들어, 네가 오후 4시에 온다면 난 3시부터 이미 기쁠 거야. 그런데, 이렇게 네가 갑자기 오면, 나는 언제 준비해야 할지 계속 모를 거야. 규칙이 필요해." 이렇게 여우는 어린 왕자에게 길들여졌다.

　어린 왕자는 다시 장미를 보러 가서 생각했다. "내 꽃은 너희들과 닮았지만, 그것은 특별하고 소중해. 왜냐하면 그 꽃은 나에게 길들여져 있었으니까."

　여우와 헤어질 때가 되었다. "잘 있어." "잘 가."라고 여우가 말했다. 그리고 이렇게 덧붙였다. "우정의 비밀은 매우 단순해. 마음으로만 볼 수 있어. 정말 중요한 것은 눈에 보이지 않아. 너의 장미가 특별했던 것은 네가 그 장미를 위해서 시간을 썼기 때문이야. 사람은 그걸 잊어버렸어. 하지만 잊으면 안 돼. 너에게는 그 장미에 대한 책임이 있으니까."

XXII

子どもって、本当に幸せなものだなあ。

　つぎに、星の王子さまは分岐を切り替える人に出会った。その人は、旅行者たちを列車に乗せていた。列車は右へ行ったり、左へ行ったりしていた。運転士は、彼らがどこへ行くのかわかっていなかった。その時、一つの列車がものすごい音をたてて、反対の方向に走っていった。
　星の王子さまが尋ねた。
　「彼らがもう戻ってきたの?」
　「違うよ。さっきの人たちじゃないんだ。入れ替わったんだよ。」と分岐を切り替える人が答えた。
　「彼らは前にいた場所に満足していなかったの?」
　「人は自分がいるところでは決して満足してないんだ。」と分岐を切り替える人が言った。そしてこう付け加えた。
　「旅行者たちは寝ているか、またはあくびをしているはずだよ。だけど、子どもたちは窓ガラスに鼻をくっつけているはずだよ。」
　すると星の王子さまが言った。
　「子どもだけが、どこへ行きたいのか、ちゃんとわかっていて、ぬいぐるみだけで幸せになれるんだよね。」分岐を切り替える人はつぶやいた。
　「子どもって、本当に幸せなものだなあ。」

다음으로 어린 왕자는 선로 변경원을 만났다. 그 사람은 여행객을 기차에 태우고 있었다. 기차는 오른쪽으로 가거나, 왼쪽으로 가거나 했다. 기관사는 그들이 어디에 가는지 알지 못했다. 그때 기차 한 대가 엄청난 소리를 내면서 반대 방향으로 달려갔다. 어린 왕자가 물었다. "그들이 벌써 돌아온 거야?" "아니야. 아까 그 사람들이 아니야. 바뀌었거든."이라고 선로 변경원이 대답했다. "그들은 이전에 있던 장소에 만족하지 못했던 거야?" "사람은 자신이 있는 곳에서는 절대 만족하지 않아."라고 선로 변경원이 말했다. 그리고 이렇게 덧붙였다. "여행자들은 자고 있거나, 아니면 하품하고 있을 거야. 하지만 아이들은 창문에 코를 붙이고 있겠지." 그러자 어린 왕자가 말했다. "아이들만이 어디에 가고 싶은지 제대로 알고 있고, 인형만으로도 행복해질 수 있구나." 선로 변경원은 이렇게 중얼거렸다. "아이들은 정말 행복하지."

XXIII

もし僕に53分があったら、ゆっくりと井戸まで歩くだろうな。

その後、星の王子さまはある商人に出会った。

「こんにちは。」
星の王子さまがあいさつをした。

「こんにちは。」
商人が答えた。その人は、喉の渇きを抑える効果がある特別な薬を売っていた。一粒だけ飲めば、1週間は飲まずに生活できる薬だった。

「どうしてそんな薬を売っているの?」と、星の王子さまが尋ねた。

「1週間に53分というたくさんの時間を節約できるからね。」と、商人が言った。

「その節約した53分で、何をするの?」

「自分がやりたいことを、何でもできるよ。」

星の王子さまは、心の中で考えた。

「もし僕に53分があったら、ゆっくりと井戸まで歩くだろうな。」

그 이후, 어린 왕자는 어떤 상인을 만났다. "안녕하세요." 어린 왕자가 인사했다. "안녕." 상인이 대답했다. 그 사람은 목마름을 억제하는 효과가 있는 특별한 약을 팔고 있었다. 한 알만 먹으면, 1주일은 마시지 않고 생활할 수 있는 약이었다. "왜 그런 약을 팔고 있어요?"라고 어린 왕자가 물었다. "1주일에 53분이라는 많은 시간을 절약할 수 있으니까."라고 상인이 말했다. "그 절약한 53분으로 무엇을 하는데요?" "자기가 하고 싶은 것을 뭐든지 할 수 있지." 어린 왕자는 마음속으로 생각했다. "만약 나에게 53분이 있다면 천천히 우물까지 걸어갈 텐데."

XXIV

おじさんが、僕の狐と同じ考えを持っていてくれて嬉しいよ。

　飛行機の故障によって砂漠にいたのも、もう8日が経っていた。私は薬売りの話を聞きながら、最後の一口の水を飲み干した。それで私たちは、井戸を探すことにした。私たちは何時間も何も言わずに歩いた。やがて夜になり、星が輝きはじめた。星の王子さまは言った。

　「星は本当にきれいだね。だって、目に見えない花を思い出させてくれるから。」

　「そうだね。」と私は答えた。それから静かに月の下の砂のしわを見つめた。

　「砂漠が美しいのは、どこかに井戸が隠れているからなんだ。」と星の王子さまが言った。

　「本当だね。星や砂漠を美しくするのは、まさに目に見えないものだよ。」と私が言った。

　「おじさんが、僕の狐と同じ考えを持っていてくれて嬉しいよ。」と彼は言った。

　星の王子さまはとても疲れていたので、私は彼を抱き上げて歩きつづけた。まるで、とても大切で壊れてしまいそうな宝物を守っているかのように感じた。地球上にこれほど壊れやすくて守ってあげたくなるものがあるとは思えなかった。眠っている彼の唇は半分開いていて、優しく微笑んでいた。それで私は思った。

　「この眠っている星の王子さまが私をこんなに感動させるのは、彼がバラに対して変わらぬ愛情を持っているからなんだ。眠っていても、彼の中でバラの姿が輝いているんだ。」

　そして、夜明けの頃、私たちはついに井戸を見つけた。

 비행기 고장으로 사막에 있은 지도 벌써 8일이 지나고 있었다. 나는 약장수의 이야기를 들으면서 마지막 남은 물을 마셔 버렸다. 그래서 우리는 우물을 찾기로 했다. 우리는 몇 시간을 아무 말도 하지 않고 걸었다. 밤이 되어, 별이 빛나기 시작했다. 어린 왕자는 말했다. "별은 정말로 아름다워. 왜냐하면 보이지 않는 꽃을 생각나게 하니까." "정말 그렇네."라고 내가 대답했다. 그러고 나서 조용히 달 아래의 모래 주름을 바라보았다. "사막이 아름다운 건 어딘가에 우물이 숨겨져 있기 때문이야."라고 어린 왕자가 말했다. "맞아. 별이나 사막을 아름답게 하는 것은 정말로 눈에 보이지 않지." 라고 내가 말했다. "아저씨가 내 여우와 같은 생각을 하고 있어서 기뻐."라고 그가 말했다.

    어린 왕자는 너무나 지쳐 있었기 때문에, 나는 그를 안아 올려서 계속 걸었다. 마치 아주 소중하고 금방이라도 부서질 것 같은 보물을 품고 있는 듯한 기분이었다. 지구상에 이토록 연약하고 지켜주고 싶은 존재가 있을 거라고는 생각하지 못했다. 잠든 그의 입술은 반쯤 열려 있었고, 부드럽게 미소 짓고 있었다. 그래서 나는 생각했다. "이 잠들어 있는 어린 왕자가 나를 이렇게까지 감동하게 하는 건 그가 장미에 대해 변함없는 애정을 가지고 있기 때문이야. 잠들어 있지만, 그의 마음속에서 장미가 빛나고 있어." 그리고 날이 밝아 올 무렵, 우리는 마침내 우물을 발견했다.

⭐ XXV ⭐

人は心で探すことを学ばなければならないんだよ。

　私たちがたどり着いた井戸は、少し不思議な井戸だった。まるで村にある井戸のような形をしていた。でも、周りには村などどこにもなかった。星の王子さまは笑いながら、滑車を回して桶を引き上げた。「ほら、聞いて。」と彼が言った。
　「井戸が目を覚まして、歌っているよ。」
　彼が疲れてしまうのを心配して、私は代わりにやると言った。
　「私にやらせて。これは君には重すぎるから。」
　私は水を汲んで、彼に渡した。彼は水を口にし、それがおいしかったみたいで、嬉しそうだった。星の王子さまはこう言った。
　「人は、一つの庭に五千輪のバラを育てても、自分が求めているものを結局見つけられないんだよ。人は心で探すことを学ばなければならないんだよ。」
　その後、星の王子さまは、羊のための口輪を描く約束を思い出させた。それで、私は口輪を描いた。それを彼に渡した時、胸の奥がきゅっと締めつけられるのを感じた。
　「君は、私の知らない何かを計画しているんだね。」
　しかし、彼は何も答えてくれなかった。
　私は彼に尋ねた。
　「私たちが出会った日も町から離れたこんな場所を歩いていたよね。ここを歩いているのは、君が落ちた日が明日で、ちょうど1年になるからなの？」
　そうしたら、彼は顔を赤らめて言った。
　「おじさんは飛行機に戻らないといけないよ。僕はここで待っているから。」
　その時、私は狐のことを思い出した。

私(わたし)は、もう彼(かれ)になついてしまっていたのだ。

　우리가 도착한 우물은 조금 신기한 우물이었다. 마치 마을에 있는 우물의 형태를 하고 있었다. 하지만 주변에는 마을 같은 것은 어디에도 없었다. 어린 왕자는 웃으면서 도르래를 돌려서 두레박을 끌어 올렸다. "들어봐."라고 그가 말했다. "우물이 눈을 떠서 노래하고 있어." 그가 힘들어지는 것을 걱정해서 나는 대신하겠다고 말했다. "내가 할게. 이건 너에게는 너무 무거우니까." 나는 물을 길어 올려, 그에게 건넸다. 그는 물을 마시고 맛있는지 기뻐 보였다. 어린 왕자는 이렇게 말했다. "사람은 하나의 정원에 5천 송이나 되는 장미를 키워도, 자신이 구하는 것을 결국 찾아내지 못해. 사람은 마음으로 찾는 법을 배워야 해." 그 후에 어린 왕자는 양을 위한 입마개를 그리는 약속을 생각나게 했다. 그래서 나는 입마개를 그렸다. 그것을 그에게 건네줄 때, 마음속이 꽉 죄어오는 것을 느꼈다. "너는 내가 모르는 무언가를 계획하고 있구나." 하지만, 그는 아무것도 대답해 주지 않았다. 나는 그에게 물었다. "우리가 만난 날도 마을에서 떨어진 이런 곳을 걷고 있었잖아. 여기를 걷고 있는 건 네가 떨어진 날이 내일로써 딱 1년이 되기 때문인 거야?" 그랬더니 그는 얼굴을 붉히면서 말했다. "아저씨는 비행기로 돌아가야 해. 나는 여기서 기다리고 있을 거니까." 그때 나는 여우를 떠올렸다. 나는 벌써 그에게 길들여진 것이었다.

⭐ XXVI ⭐

大事なものは目に見えないよ。

　夕方、仕事から戻った私は、星の王子さまが井戸の横にある古い石垣の上に座っているのを見つけた。彼は誰かと話しているようでこう言った。
　「ここは正確な場所ではないけど、ここで僕を待っていて。僕は夕方に戻ってくるよ。そしたら、君は砂の上に残っている僕の足跡を見つけるはずだよ。君はいい毒を持っているんだね。そうだろう？長くはかからないよね？」私はその時、黄色い蛇を見た。星の王子さまのところへ走って行ったが、蛇はもう逃げた後だった。彼は死にかけた小鳥のように弱っていた。私は彼を石垣から抱きおろし、彼の面倒を見た。彼はとても怯えていた。
　星の王子さまが言った。
　「僕は帰るよ。飛行機も直ったからおじさんも帰らなきゃね。」
　星の王子さまは去年落ちた場所の真上にある自分の星について話した。蛇と星の話が、ただの悪い夢だったじゃないかと私は言った。でも彼はこう言った。
　「大事なものは目に見えないよ。バラも同じだよ。星にあるバラを愛したら、夜空の星が全部バラのように見えるだろう。」
　そして彼は笑った。ああ、この笑いがどれだけ好きだったのか。
　「おじさんは、ずっと僕の友達だよ。これからも僕と一緒に笑ってくれるだろう。そしておじさんの友達は星を見て笑うおじさんを見てびっくりするよ。」と星の王子さまが言って、また笑った。やがて彼はまじめな顔になって言った。
　「今夜は来ないで。もし今夜僕を見たら、僕が死んだと思ってしまうだろう。でもそれは本当じゃないんだ。」
　でもその夜、私は星の王子さまと一緒にいた。彼が私を安心させようとする時、私は何も言わずにそばにいた。私は彼の怯えを感じた。私たちは砂に腰をおろし、泣いた。私にはもう立ち上がる力も残っていなかった。星の王子さまは少しめらった後、立ち上がった。そして一歩、足を踏み出した。私は動けなかっ

た。黄色い光が彼の足首のところできらめいた。ほんの一瞬、彼はその場にとどまり、声も上げなかった。そして、木がゆっくり倒れるように、静かに砂の上へと倒れた。砂の上だったから、何の音もしなかった。

　　저녁에 일을 마치고 돌아온 나는 어린 왕자가 우물 옆 낡은 돌담에 앉아 있는 것을 발견했다. 그는 누군가와 이야기하는 것 같았고, 이렇게 말했다. "여기는 정확한 장소는 아니지만, 여기서 나를 기다려줘. 나는 오늘 밤에 돌아올 거야. 그러면 너는 모래 위에 남은 내 발자국을 발견할 수 있을 거야. 넌 좋은 독을 가지고 있잖아. 그렇지? 오래 걸리지는 않겠지?" 나는 그 순간 노란 뱀을 보았다. 어린 왕자에게 달려갔지만, 뱀은 이미 도망친 후였다. 어린 왕자는 죽어가는 새처럼 약해져 있었다. 나는 그를 돌담에서 안아 내려서, 돌보았다. 그는 매우 무서워하고 있었다. 어린 왕자가 말했다. "나는 돌아갈 거야. 비행기가 고쳐졌으니, 아저씨도 돌아가야지." 어린 왕자는 지난해 떨어진 곳 바로 위에 있는 그의 별에 관해 이야기했다. 나는 뱀과 별에 관한 이야기가 그저 나쁜 꿈이었던 게 아니냐고 말했다. 하지만 그는 이렇게 말했다. "중요한 것은 보이지 않아. 장미도 똑같아. 별에 있는 장미를 사랑하면, 밤하늘의 별이 전부 장미처럼 보일 거야." 그러고 나서 그는 웃었다. 아, 내가 이 웃음을 얼마나 좋아했던가. "아저씨는 언제까지나 내 친구야. 앞으로도 나랑 같이 웃어 주겠지. 그리고 아저씨의 친구들은 별을 보고 웃는 아저씨를 보고 놀랄 거야." 라고 어린 왕자가 말하고 다시 웃었다. 곧 진지한 표정으로 말했다. "오늘 밤은 오지 마. 만약 오늘 밤 나를 본다면 내가 죽었다고 생각할 거야. 하지만 그건 사실이 아니야." 하지만 그날 밤 나는 어린 왕자와 함께 있었다. 그가 나를 안심시키려고 할 때, 나는 아무 말도 하지 않고 곁에 있었다. 나는 그의 두려움을 느꼈다. 우리는 모래 위에 앉아 울었다. 나는 더 이상 일어설 힘조차 남아 있지 않았다. 어린 왕자는 잠시 망설인 뒤 일어섰다. 그리고 한 걸음을 내디뎠다. 나는 움직일 수 없었다. 노란빛이 그의 발목 쪽에서 번쩍였다. 잠깐 그는 그 자리에 멈춰 있었고, 소리도 내지 않았다. 그리고 나무가 천천히 쓰러지듯이, 고요히 모래 위로 쓰러졌다. 모래 위였기에 아무 소리도 나지 않았다.

XXVII

星の王子さまが帰ってきたよ。

あれからもう6年が経った。私はこの話を、これまで誰にもしたことがない。仲間たちは、私が生きていることを見て安心した。私は悲しかったが、その理由を疲れのせいにした。私は少し落ち着いてきたが、完全ではない。私は、星の王子さまが自分の星へ帰ったと確信している。なぜなら、私は彼の遺体を見つけられなかったからだ。私は夜に、星を眺めるのが好きになった。星の王子さまの羊の口輪に、革紐をつけるのを忘れてしまった。それでたまに、彼の星で何かが起こっていないかを考える。羊がバラを食べてしまったのではないか？それとも、星の王子さまがバラを守り、羊を見守っているのだろうか？

もしみなさんがアフリカの砂漠を旅していて、金色の髪をした笑顔の子どもに出会ったら、そして、その子に質問をしても答えてくれなかったら、きっと、それが誰なのか分かるでしょう。どうかその子に優しくしてあげてください。そして、「星の王子さまが帰ってきたよ。」と、私に知らせてください。

그로부터 벌써 6년이 지났다. 나는 이 이야기를, 지금까지 누구에게도 한 적이 없다. 동료들은 내가 살아 있는 것을 보고 안심했다. 나는 슬펐지만, 그 이유를 피곤함 탓으로 돌렸다. 나는 조금 안정되었지만, 완전히는 아니다. 나는 어린 왕자가 자기 별로 돌아갔다고 확신하고 있다. 왜냐하면, 나는 그의 시신을 찾지 못했기 때문이다. 나는 밤에 별을 바라보는 것을 좋아하게 되었다. 양의 입마개에 가죽끈을 다는 것을 잊어버렸다. 그래서 가끔 그의 별에서 무언가가 일어나고 있지는 않은지 생각한다. 양이 장미를 먹어버린 것은 아닐까? 아니면 어린 왕자가 장미를 지키고, 양을 지켜보고 있을까?

　만약 여러분이 아프리카 사막을 여행하다가, 금빛 머리카락을 한 미소 짓는 아이를 만나면, 그리고 그 아이에게 질문해도 대답하지 않는다면, 분명히 그가 누구인지 알게 될 거예요. 부디 그 아이에게 친절하게 대해 주세요. 그리고 "어린 왕자가 돌아왔어요."라고, 나에게 알려 주세요.

星の王子さま

어휘 단어장

왕초보편

I

ジャングル 정글	ジャングルにはたくさんの動物がいます。 정글에는 많은 동물이 있습니다.
大きな 큰	大きな犬が公園で遊んでいます。 큰 개가 공원에서 놀고 있어요.
蛇 뱀	蛇がいます。 뱀이 있어요.
動物 동물	子どもたちは動物が大好きです。 아이들은 동물을 아주 좋아해요.
絵 그림	きれいな絵を書きました。 예쁜 그림을 그렸어요.
同じ 같은	私たちは同じ学校です。 우리는 같은 학교예요.
帽子 모자	この帽子は母にもらいました。 이 모자는 엄마에게 받았어요.
悲しい 슬프다	映画を見て、悲しくなりました。 영화를 보고 슬퍼졌어요.
象 코끼리	動物園で大きな象を見ました。 동물원에서 큰 코끼리를 봤어요.
理解する 이해하다	先生の話を理解しました。 선생님의 말씀을 이해했어요.
地理 지리	地理の勉強はおもしろいです。 지리 공부는 재미있어요.
勉強する 공부하다	毎日日本語を勉強します。 매일 일본어를 공부해요.
やめる 그만두다	タバコをやめました。 담배를 끊었어요.
飛行機 비행기	初めて飛行機に乗りました。 처음으로 비행기를 탔어요.

| 運転 うんてん 운전 | 父は車の運転が上手です。 아버지는 운전을 잘하십니다. |

| 始める はじめる 시작하다 | 新しい仕事を始めました。 새로운 일을 시작했어요. |

II

| 砂漠 さばく 사막 | 砂漠には水があまりありません。 사막에는 물이 별로 없습니다. |

| 故障する こしょうする 고장 나다 | エアコンが故障しました。 에어컨이 고장 났어요. |

| 直す なおす 고치다, 수리하다 | 時計を自分で直しました。 시계를 제가 고쳤어요. |

| 眠れる ねむれる 잠들다 | うるさくて眠れませんでした。 시끄러워서 잠들지 못했어요. |

| 男の子 おとこのこ 남자아이 | あの男の子はサッカーが上手です。 저 남자아이는 축구를 잘해요. |

| 起こす おこす 깨우다 | 母が毎朝、私を起こします。 엄마가 매일 아침 저를 깨워요. |

| そして 그리고, 그러고 나서 | 朝ご飯を食べました。そして、学校に行きました。 아침밥을 먹었어요. 그리고 학교에 갔어요. |

| 羊 ひつじ 양 | 羊が草を食べています。 양이 풀을 먹고 있어요. |

| ほしい 원하다 | 新しいスマホがほしいです。 새 휴대폰이 갖고 싶어요. |

| 繰り返して くりかえして 반복해서 | 繰り返して漢字を練習します。 반복해서 한자를 연습합니다. |

| 1番目 いちばんめ 첫 번째 | 1番目の問題は簡単でした。 첫 번째 문제는 쉬웠어요. |

| 入っている はいっている 들어 있다, 들어 있는 | この箱にはお菓子が入っています。 이 상자에는 과자가 들어 있어요. |

箱 (はこ) 상자	箱を開けたら、手紙が出てきました。 상자를 열었더니 편지가 나왔어요.	
喜ぶ (よろこぶ) 기뻐하다	子どもがプレゼントをもらって喜びました。 아이가 선물을 받고 기뻐했어요.	
草 (くさ) 풀	庭に草がたくさんあります。 정원에 풀이 많이 있어요.	
全て (すべて) 전부, 모두	宿題は全て終わりました。 숙제는 전부 끝났어요.	

III

質問 (しつもん) 질문	先生に質問をしました。 선생님께 질문했어요.	
多い (おおい) 많다	このクラスは学生が多いです。 이 반은 학생이 많아요.	
一回も (いっかいも) 한 번도	一回も日本へ行ったことがありません。 한 번도 일본에 간 적이 없어요.	
答える (こたえる) 대답하다	質問に答えてください。 질문에 대답해 주세요.	
飛ぶ (とぶ) 날다	鳥が空を飛んでいます。 새가 하늘을 날고 있어요.	
おじさん 아저씨	あのおじさんは親切です。 저 아저씨는 친절해요.	
落ちる (おちる) 떨어지다	木からりんごが落ちました。 나무에서 사과가 떨어졌어요.	
声を出して (こえをだして) 소리를 내어	声を出して読んでください。 소리 내어 읽어 주세요.	
笑う (わらう) 웃다	子どもたちが楽しそうに笑っています。 아이들이 즐겁게 웃고 있어요.	
星 (ほし) 별	夜、空にたくさんの星が見えます。 밤에 하늘에 별이 많이 보여요.	

日本語	韓国語	例文	訳
分かる	알다, 깨닫다	日本語が少し分かります。	일본어를 조금 알아요.
連れて行く	데려가다	犬を公園に連れて行きました。	개를 공원에 데려갔어요.
気をつける	조심하다	夜道に気をつけてください。	밤길을 조심하세요.
逃げる	도망가다	猫が車から逃げました。	고양이가 차에서 도망갔어요.
おかしい	이상하다	このケーキの味がちょっとおかしいです。	이 케이크 맛이 좀 이상해요.
遠くに	멀리	遠くに山が見えます。	멀리 산이 보여요.

IV

日本語	韓国語	例文	訳
たぶん	아마도	たぶん明日は雨が降るでしょう。	아마 내일은 비가 올 거예요.
家	집	私の家は駅の近くにあります。	제 집은 역 근처에 있어요.
大きさ	크기, 사이즈	この箱の大きさはちょうどいいです。	이 상자의 크기가 딱 좋아요.
望遠鏡	망원경	望遠鏡で星を見ました。	망원경으로 별을 봤어요.
数	수, 숫자	来た人の数は十人でした。	온 사람의 수는 열 명이었어요.
興味	흥미, 관심	日本の文化に興味があります。	일본 문화에 관심이 있어요.
事実	사실	それは本当の事実です。	그것은 진짜 사실이에요.
存在	존재	彼の存在はとても大きいです。	그의 존재는 매우 큽니다.

信じる <small>しん</small> 믿다, 신뢰하다	私はあなたの言葉を信じます。 <small>わたし / ことば / しん</small> 저는 당신의 말을 믿어요.	
友達 <small>ともだち</small> 친구	昨日、友達と映画を見ました。 <small>きのう / ともだち / えいが / み</small> 어제 친구와 영화를 봤어요.	
一緒に <small>いっしょ</small> 함께, 같이	一緒にご飯を食べませんか。 <small>いっしょ / はん / た</small> 같이 밥 먹지 않을래요?	
いなくなる 사라지다	猫がいなくなってしまいました。 <small>ねこ</small> 고양이가 없어져 버렸어요.	
忘れる <small>わす</small> 잊다	宿題を忘れました。 <small>しゅくだい / わす</small> 숙제를 잊어버렸어요.	

ㅂ

バオバブ 바오밥(나무)	バオバブの木を初めて見ました。 <small>き / はじ / み</small> 바오밥 나무를 처음 봤어요.	
話 <small>はなし</small> 이야기	おもしろい話を聞きました。 <small>はなし / き</small> 재미있는 이야기를 들었어요.	
危ない <small>あぶ</small> 위험하다	そこは危ないから行かないでください。 <small>あぶ / い</small> 거긴 위험하니까 가지 마세요.	
木 <small>き</small> 나무	この木はとても高いです。 <small>き / たか</small> 이 나무는 아주 커요.	
壊す <small>こわ</small> 파괴하다, 부수다	子どもがおもちゃを壊しました。 <small>こ / こわ</small> 아이가 장난감을 부쉈어요.	
やる 하다	今から宿題をやります。 <small>いま / しゅくだい</small> 지금부터 숙제해요.	
仕事 <small>しごと</small> 일, 업무	父は毎日仕事をしています。 <small>ちち / まいにちしごと</small> 아버지는 매일 일을 하세요.	
すぐに 곧, 즉시	すぐに先生に言ってください。 <small>せんせい / い</small> 바로 선생님께 말씀해 주세요.	
抜く <small>ぬ</small> 뽑다, 빼내다	歯を一本抜きました。 <small>は / いっぽん ぬ</small> 이 하나를 뽑았어요.	

言える 말할 수 있다	本当のことを言えませんでした。 진실을 말할 수 없었어요.
みんな 모두	みんなでゲームをしました。 모두 함께 게임을 했어요.
頑張って 열심히	テストのために頑張って勉強します。 시험을 위해 열심히 공부할 거예요.

VI

君 너, 자네	君はいつも元気だね。 너는 언제나 활기차구나.
悲しむ 슬퍼하다	彼が引っこして、みんなが悲しみました。 그가 이사 가서 모두가 슬퍼했어요.
夕焼け 저녁 노을	昨日の夕焼けはとてもきれいでした。 어제 저녁노을은 정말 예뻤어요.
気分 기분	今日は気分があまりよくないです。 오늘은 기분이 별로 좋지 않아요.
よくなる 좋아지다	音楽を聞いて気分がよくなりました。 음악을 듣고 기분이 좋아졌어요.
椅子 의자	この椅子は少し小さいです。 이 의자는 조금 작아요.
動かす 움직이다, 옮기다	テーブルを右に動かしてください。 테이블을 오른쪽으로 옮겨 주세요.
人 사람	あの人はとてもやさしいです。 저 사람은 정말 상냥해요.
好きになる 좋아하게 되다	最初はきらいでしたが、だんだん好きになりました。 처음엔 싫었지만, 점점 좋아지게 되었어요.
特に 특별히, 특히	日本料理の中で、特にラーメンが好きです。 일본 요리 중에서 특히 라멘을 좋아해요.
何も 아무것도	冷蔵庫には何も入っていません。 냉장고에는 아무것도 들어 있지 않아요.

VII

とげ
가시

バラにはとげがありますから、気をつけてください。
장미에는 가시가 있으니 조심하세요.

役に立つ
도움이 되다, 쓸모 있다

この本は日本語の勉強に役に立ちます。
이 책은 일본어 공부에 도움이 됩니다.

意地悪な
나쁜, 심술궂은

あの意地悪な子はすぐに怒ります。
저 심술궂은 아이는 금방 화를 내요.

自分
자기 자신

自分のことは自分で決めます。
자신의 일은 자신이 결정합니다.

守る
지키다, 보호하다

子どもたちを危険から守ります。
아이들을 위험으로부터 지킵니다.

自然
자연

日本の自然はとても美しいです。
일본의 자연은 매우 아름다워요.

知っている
알고 있다

その話はもう知っています。
그 이야기는 이미 알고 있어요.

忙しい
바쁘다

最近は忙しくて遊ぶ時間がありません。
요즘은 바빠서 놀 시간이 없어요.

怒る
화내다

先生はテストでカンニングして怒りました。
선생님은 시험에서 커닝해서 화내셨어요.

大切だ
소중하다, 중요하다

友達は大切です。
친구는 소중합니다.

説明する
설명하다

先生が文法を説明しました。
선생님이 문법을 설명했어요.

愛する
사랑하다

彼は家族を愛しています。
그는 가족을 사랑하고 있어요.

たった
단, 단지

これはたった一つのチャンスです。
이것은 단 하나의 기회예요.

存在する
존재하다

空気は見えないけど存在しています。
공기는 보이지 않지만 존재해요.

泣く 울다	映画を見て、思わず泣きました。 영화를 보고 저도 모르게 울었어요.	
気持ち 기분	音楽を聞くと気持ちが落ち着きます。 음악을 들으면 기분이 차분해져요.	

VIII

持っている 가지고 있다, 소유하고 있다	私は今、お金をあまり持っていません。 저는 지금 돈을 별로 가지고 있지 않아요.
見つける 발견하다, 찾아내다	公園でかわいい猫を見つけました。 공원에서 귀여운 고양이를 발견했어요.
美しい 아름답다	日本の山はとても美しいです。 일본의 산은 매우 아름답습니다.
自慢する 자랑하다	彼は自分の車をよく自慢します。 그는 자신의 차를 자주 자랑해요.
わがままだ 제멋대로다	わがままな人とは一緒にいたくないです。 제멋대로인 사람과는 함께 있고 싶지 않아요.
頼む 부탁하다	友達に手伝いを頼みました。 친구에게 도와달라고 부탁했어요.
ふた 뚜껑	なべのふたを開けてください。 냄비 뚜껑을 열어 주세요.
言葉 말, 이야기, 언어	やさしい言葉に助けられました。 다정한 말에 위로받았어요.
嫌になる 싫어하게 되다, 싫어지다	何回も失敗して、嫌になりました。 여러 번 실패해서 싫어졌어요.
疑う 의심하다	彼の話を少し疑いました。 그의 말을 조금 의심했어요.
間違う 잘못되다, 틀리다	テストで漢字を間違いました。 시험에서 한자를 틀렸어요.
行動 행동	その行動はすばらしいと思います。 그 행동은 훌륭하다고 생각해요.

香り 향기	花の香りが部屋に広がりました。 꽃향기가 방에 퍼졌어요.	
光 빛	朝の光がまぶしかったです。 아침 햇빛이 눈 부셨어요.	
矛盾 모순	彼の話は矛盾しています。 그의 이야기는 모순되어 있어요.	
若い 어리다, 젊다	彼はまだ若いですが、とてもしっかりしています。 그는 아직 젊지만 매우 믿음직스러워요.	

IX

出る 나가다, 나오다	彼は家を出て、学校へ行きました。 그는 집을 나가 학교에 갔어요.	
掃除する 청소하다	毎週土曜日に部屋を掃除します。 매주 토요일에 방을 청소해요.	
きれいにする 깨끗하게 하다	机の上をきれいにしました。 책상 위를 깨끗하게 했어요.	
最後 최후, 마지막	最後まであきらめないでください。 마지막까지 포기하지 마세요.	
戻る 돌아가다	財布を忘れて、家に戻りました。 지갑을 잊어서 집에 돌아갔어요.	
水 물	暑い日はたくさん水を飲みましょう。 더운 날에는 물을 많이 마십시다.	
要る 필요하다	日本に行くならパスポートが要ります。 일본에 가려면 여권이 필요해요.	
風 바람	海から気持ちいい風が吹いています。 바다에서 시원한 바람이 불고 있어요.	
役に立つ 도움이 되다	このアプリは日本語の勉強に役に立ちます。 이 앱은 일본어 공부에 도움이 돼요.	
怖い 무섭다	怖い映画は見たくないです。 무서운 영화는 보고 싶지 않아요.	

別れ 이별, 헤어짐	別れはいつもさびしいです。 이별은 언제나 쓸쓸해요.	
自分で 스스로	この料理は自分で作りました。 이 요리는 제가 직접 만들었어요.	
決める 정하다, 결정하다	旅行の場所は私が決めました。 여행지는 제가 정했어요.	
幸せになる 행복해지다	いつかきっと幸せになりたいです。 언젠가는 꼭 행복해지고 싶어요.	
姿 모습	彼女の笑っている姿が好きです。 그녀가 웃고 있는 모습이 좋아요.	
プライド 자존심	彼はプライドが高い人です。 그는 자존심이 센 사람이에요.	

ㅋ

旅する 여행하다	いつか世界を旅したいです。 언젠가 세계를 여행하고 싶어요.	
最初 최초, 처음	最初の授業は自己紹介でした。 첫 수업은 자기소개였어요.	
王様 왕, 임금님	王様は国のみんなに親切でした。 왕은 나라 사람들에게 친절했어요.	
支配する 지배하다	王様が国を支配しています。 왕이 나라를 지배하고 있어요.	
太陽 태양	太陽が空に登っています。 태양이 하늘에 떠 있어요.	
沈む (해가)저물다, 가라앉다	夕方になると、太陽が沈みます。 저녁이 되면 해가 집니다.	
命令 명령	王様の命令には逆らえません。 왕의 명령에는 거역할 수 없습니다.	
つまらない 시시하다, 지루하다	この映画はつまらなかったです。 이 영화는 재미없었어요.	

일본어	예문
法務大臣 (ほうむだいじん) 법무부 장관	法務大臣が新しい法律について話しました。 법무부 장관이 새로운 법에 대해 말했어요.
裁判する (さいばんする) 재판하다	彼は正しく裁判されました。 그는 공정하게 재판받았어요.
住む (すむ) 살다, 거주하다	私の祖母は田舎に住んでいます。 우리 할머니는 시골에 살고 계세요.
必要 (ひつよう) 필요	勉強には努力が必要です。 공부에는 노력이 필요합니다.
準備 (じゅんび) 준비	明日の試験の準備をしています。 내일 시험 준비를 하고 있어요.
後ろ (うしろ) 뒤	後ろを見たら、先生がいました。 뒤를 봤더니 선생님이 계셨어요.
叫ぶ (さけぶ) 소리치다, 외치다	子どもが名前を叫びました。 아이가 이름을 외쳤어요.
大使 (たいし) 대사	日本の大使が韓国を訪問しました。 일본 대사가 한국을 방문했어요.

XI

일본어	예문
2番目 (にばんめ) 두 번째	2番目の問題は難しかったです。 두 번째 문제는 어려웠어요.
ある 어느, 어떤	ある日、へんな夢を見ました。 어느 날, 이상한 꿈을 꿨어요.
男 (おとこ) 남자	あの男はとても親切です。 저 남자는 매우 친절해요.
すごい 대단하다	彼の英語はすごいですね！ 그의 영어 실력은 대단하네요!
見せる (みせる) 보이다, 나타내다	写真を友達に見せました。 사진을 친구에게 보여줬어요.
あいさつ 인사	学校では先生にあいさつをしましょう。 학교에서는 선생님께 인사를 합시다.

ほめられる 칭찬받다	先生にほめられてうれしかったです。 선생님께 칭찬받아서 기뻤어요.
最後に 마지막으로	最後にひとこと言わせてください。 마지막으로 한마디만 하게 해 주세요.
ほめる 칭찬하다	子どもをほめることは大切です。 아이를 칭찬하는 것은 중요합니다.

XII

いつも 항상	私はいつも朝7時に起きます。 저는 항상 아침 7시에 일어나요.
お酒 술	父は夜にお酒を少し飲みます。 아버지는 밤에 술을 조금 드세요.
飲む 마시다	水をたくさん飲んでください。 물을 많이 마셔 주세요.
恥ずかしい 부끄럽다	人の前で話すのは恥ずかしいです。 사람들 앞에서 말하는 건 부끄러워요.
助ける 돕다	困っている人を助けましょう。 곤란한 사람을 도와줍시다.
なぜ 왜	なぜ来なかったんですか？ 왜 안 왔나요?
黙る 말을 하지 않다, 침묵하다	彼は何も言わずに黙っていました。 그는 아무 말 없이 조용히 있었어요.
早く 급히, 빨리	学校に早く行かなければなりません。 학교에 빨리 가야 해요.

XIII

住む 살다, 거주하다	私は東京に住んでいます。 저는 도쿄에 살고 있어요.
数える (숫자를) 세다	子どもが星を数えています。 아이가 별을 세고 있어요.

しまう 치우다, 보관하다	本を読んだら、ちゃんとしまいましょう。 책을 읽으면 제대로 치웁시다.	
引き出し 서랍	大事なものは引き出しに入れました。 소중한 것은 서랍에 넣었어요.	
変だ 이상하다	この料理はちょっと変だと思います。 이 요리는 좀 이상하다고 생각해요.	
毎日 매일	私は毎日日本語を勉強しています。 저는 매일 일본어를 공부하고 있어요.	
毎週 매주	毎週土曜日にテニスをします。 매주 토요일에 테니스를 해요.	
火山 화산	この島には火山があります。 이 섬에는 화산이 있어요.	
元気だ 건강하다	祖母は今もとても元気です。 할머니는 지금도 매우 건강하세요.	

XIV

街灯 가로등	夜になると街灯がつきます。 밤이 되면 가로등이 켜져요.	
つける 켜다	明かりをつけてください。 불을 켜 주세요.	
消す 끄다	寝る前に電気を消します。 자기 전에 전등을 꺼요.	
回る 돌다	地球は太陽のまわりを回っています。 지구는 태양 주위를 돌고 있어요.	
休む 쉬다	今日は会社を休みます。 오늘은 회사를 쉽니다.	
暇 여유, 짬	暇なときに映画を見ます。 한가할 때 영화를 봐요.	
楽しむ 즐기다	週末に友達とパーティーを楽しみました。 주말에 친구와 파티를 즐겼어요.	

ゆっくり 천천히	ゆっくり歩いてください。 천천히 걸어 주세요.	
歩く 걷다	公園を歩きました。 공원을 걸었어요.	
ずっと 계속, 쭉	彼女のことがずっと好きでした。 그녀를 계속 좋아했어요.	
居る 있다, 머무르다	ずっとここに居たいです。 계속 여기에 있고 싶어요.	
二人で 둘이서	今日は二人で映画を見ました。 오늘은 둘이서 영화를 봤어요.	
あまりにも 너무나도	あまりにも寒くて外に出られません。 너무 추워서 밖에 나갈 수 없어요.	
実は 사실은, 실은	実は来週日本に行きます。 사실 다음 주에 일본에 가요.	
1日に 하루에	私は1日にコーヒーを3杯飲みます。 저는 하루에 커피를 석 잔 마셔요.	
認める 인정하다	自分の間違いを認めることは大切です。 자신의 실수를 인정하는 것은 중요합니다.	

XV

厚い 두껍다	この本はとても厚いです。 이 책은 아주 두껍습니다.	
地理学者 지리학자	彼は有名な地理学者です。 그는 유명한 지리학자예요.	
川 강	家の近くに川があります。 집 근처에 강이 있어요.	
山 산	週末に山に登りました。 주말에 산에 올랐어요.	
探検をする 탐험하다	子どもたちは森を探検しました。 아이들은 숲을 탐험했어요.	

일본어	예문
もうすぐ 이제 곧, 머지않아	もうすぐ夏休みが始まります。 이제 곧 여름방학이 시작돼요.
消える 사라지다	雲が風で消えました。 구름이 바람에 의해 사라졌어요.
記録する 기록하다	試合の結果をノートに記録しました。 시합 결과를 노트에 기록했어요.
なのに 그런데도	寒かったです。なのに彼はコートを着ませんでした。 추웠어요. 그런데도 그는 코트를 입지 않았어요.
ひとりにする 혼자 두다	子どもを夜にひとりにしないでください。 아이를 밤에 혼자 두지 마세요.
旅に行く 여행 가다	来月、家族と旅に行きます。 다음 달에 가족과 여행 갑니다.

XVI

일본어	예문
昔 옛날, 예전	昔、ここに大きなお城がありました。 옛날, 여기에 큰 성이 있었어요.
大陸 대륙	アフリカは大きな大陸です。 아프리카는 큰 대륙입니다.
道 길	この道をまっすぐ行ってください。 이 길로 곧장 가 주세요.
明るくする 밝게 하다	電気をつけて部屋を明るくしました。 전등을 켜서 방을 밝게 했어요.
順番に 차례로, 순서대로	子どもたちは順番に並んでいます。 아이들이 차례대로 줄 서 있어요.
北極 북극	北極には白くまが住んでいます。 북극에는 북극곰이 살고 있어요.
南極 남극	南極はとても寒いです。 남극은 매우 추워요.

XVII

みなさん 여러분	みなさん、静かにしてください。 여러분, 조용히 해 주세요.
もっと 더, 좀 더	もっとゆっくり話してください。 좀 더 천천히 말해 주세요.
大きい 크다	このくつは大きすぎます。 이 신발은 너무 커요.
時々 때때로, 때로는	時々友達とカフェに行きます。 가끔 친구랑 카페에 가요.
全然 전혀	全然分かりませんでした。 전혀 이해하지 못했어요.
弱い 약하다	私はお酒に弱いです。 저는 술에 약해요.
もし 혹시	もし時間があれば、手伝ってください。 혹시 시간이 있으면 도와주세요.
うち 집(내가 살고 있는 곳)	今日うちでパーティーをします。 오늘 우리 집에서 파티해요.
帰る 돌아가다	学校が終わってからうちに帰ります。 학교가 끝나고 집에 돌아가요.
送る 보내다	先生にメールを送りました。 선생님께 메일을 보냈어요.
謎 수수께끼	この話は謎が多いです。 이 이야기는 수수께끼가 많아요.
感じる 느끼다	春の風を感じました。 봄바람을 느꼈어요.
お互いに 서로	お互いに助け合いましょう。 서로 도와줍시다.

XVIII

花びら 꽃잎	花びらが風にゆれていました。 꽃잎이 바람에 흔들리고 있었어요.
枚 매(종이나 꽃잎을 세는 단위)	花びらを3枚拾いました。 꽃잎을 세 장 주웠어요.
ぐらい 정도	1時間ぐらい待ちました。 한 시간 정도 기다렸어요.
数年 수년, 몇 년	数年前から日本語を勉強しています。 수년 전부터 일본어를 공부하고 있어요.
前に 전에	1週間前にこの本を買いました。 일주일 전에 이 책을 샀어요.
さまよう 헤매다, 떠돌다	森の中で道に迷ってさまよいました。 숲속에서 길을 잃고 헤맸어요.

XIX

登る 오르다	友達と山に登りました。 친구와 산에 올랐어요.
尖った岩 뾰족한 바위	道の横に尖った岩がありました。 길옆에 뾰족한 바위가 있었어요.
〜に向かって ~을/를 향해서	山の頂上に向かって歩きます。 산 꼭대기를 향해 걸어요.
エコー 메아리	山で「やっほー」と言ったらエコーが返ってきました。 산에서 "야호"라고 외치자 메아리가 돌아왔어요.
繰り返す 반복하다	同じ質問を繰り返さないでください。 같은 질문을 반복하지 마세요.
想像力 상상력	この絵本は子どもの想像力をのばします。 이 그림책은 아이들의 상상력을 키워 줘요.
なんて 얼마나, 대단히, 참	富士山の景色はなんて美しいのでしょう。 후지산의 경치는 참으로 아름답네요.

先に 먼저	私は先に行きますね。 저는 먼저 갈게요.	
話しかける 말 걸다	店員に話しかけてみました。 점원에게 말을 걸어 봤어요.	

XX

長い 길다	長い髪の人が教室に入りました。 긴 머리의 사람이 교실에 들어왔어요.	
やっと 겨우, 가까스로	やっと駅に着きました。 겨우 역에 도착했어요.	
バラ 장미	母にバラの花をあげました。 엄마에게 장미꽃을 드렸어요.	
咲いている 피어 있다	公園にさくらが咲いています。 공원에 벚꽃이 피어 있어요.	
庭 정원	庭で犬が遊んでいます。 정원에서 개가 놀고 있어요.	
偉い 위대하다	医者は人の命を助ける偉い仕事です。 의사는 사람의 생명을 구하는 훌륭한 직업입니다.	
王子 왕자	昔々、ある国に王子が住んでいました。 옛날 옛적에 어느 나라에 왕자가 살고 있었어요.	
普通 보통	普通の人でも大きな夢を持てます。 보통 사람도 큰 꿈을 가질 수 있어요.	
輪 송이(꽃이나 바퀴를 세는 말)	バラを1輪買いました。 장미 한 송이를 샀어요.	
寝転ぶ 아무렇게나 드러눕다, 뒹굴다	ソファに寝転んでテレビを見ました。 소파에 드러누워서 텔레비전을 봤어요.	

XXI

キツネ 여우	山でキツネを見たことがあります。 산에서 여우를 본 적이 있어요.	

誰か（だれか） 누군가	誰かがドアをノックしています。 누군가가 문을 두드리고 있어요.	
てなずける 길들이다	子どもは犬をてなずけました。 아이는 개를 길들였어요.	
特別な（とくべつな） 특별한	今日は特別な日です。 오늘은 특별한 날이에요.	
時間（じかん） 시간	少し時間がありますか？ 시간 좀 있어요?	
探す（さがす） 찾다	なくしたかぎを探しています。 잃어버린 열쇠를 찾고 있어요.	
我慢（がまん） 참음, 견딤	痛くても我慢しました。 아파도 참았어요.	
朝（あさ） 아침	朝はパンを食べます。 아침에는 빵을 먹어요.	
嬉しい（うれしい） 기쁘다	合格してとても嬉しかったです。 합격해서 정말 기뻤어요.	
秘密（ひみつ） 비밀	これは秘密にしてください。 이건 비밀로 해 주세요.	
教える（おしえる） 가르치다	日本語を教えています。 일본어를 가르치고 있어요.	
大切な（たいせつな） 소중한, 중요한	これは私の大切な思い出です。 이건 제 소중한 추억이에요.	
心（こころ） 마음	彼の心はとてもやさしいです。 그의 마음은 아주 따뜻해요.	
目（め） 눈(신체)	目が疲れたので、少し休みます。 눈이 피곤해서 잠깐 쉴게요.	

XXII

電車（でんしゃ） 전차, 전철, 기차	毎朝電車で学校に行きます。 매일 아침 전철로 학교에 갑니다.	

일본어	예문
方向（ほうこう） 방향	このバスは反対方向へ行きますよ。 이 버스는 반대 방향으로 가요.
操る（あやつる） 조작하다, 다루다	彼はロボットを上手に操れます。 그는 로봇을 능숙하게 조작할 수 있어요.
走る（はしる） 달리다	子どもが公園を走っています。 아이가 공원을 달리고 있어요.
乗る（のる） 타다	バスに乗って会社へ行きます。 버스를 타고 회사에 갑니다.
スピード 스피드, 속도	この車はスピードが速いです。 이 차는 속도가 빨라요.
通り過ぎる（とおりすぎる） 지나가다, 지나치다, 통과하다	電車が駅を通り過ぎました。 전철이 역을 지나쳤어요.
戻る（もどる） 돌아오다, 돌아가다	会社に戻ったら連絡します。 회사에 돌아가면 연락할게요.
入れ替わる（いれかわる） 교체하다, 교대하다	新しいメンバーと入れ替わりました。 새로운 멤버로 교체되었어요.
満足する（まんぞくする） 만족하다	この結果に満足しています。 이 결과에 만족하고 있어요.
場所（ばしょ） 장소	この場所は静かで好きです。 이 장소는 조용해서 좋아해요.
なかなか 좀처럼, 꽤	この問題はなかなか難しいですね。 이 문제는 꽤 어렵네요.
窓（まど） 창, 창문	暑いので窓を開けましょう。 더우니까 창문을 열어요.
鼻（はな） 코	花の香りで鼻が気持ちいいです。 꽃향기로 코가 기분 좋아요.
くっつける 붙이다, 들러붙게 하다	紙をのりでくっつけました。 종이를 풀로 붙였어요.

XXIII

その後（あと） 그 후	昼（ひる）ごはんを食（た）べて、その後（あと）図書館（としょかん）へ行（い）きました。 점심을 먹고 그 후 도서관에 갔어요.	
喉（のど）**が渇**（かわ）**く** 목이 마르다	運動（うんどう）の後（あと）、喉（のど）が渇（かわ）きました。 운동 후에 목이 말랐어요.	
薬（くすり） 약	かぜの薬（くすり）を飲（の）みました。 감기약을 먹었어요.	
売（う）**る** 팔다	古（ふる）い本（ほん）を店（みせ）で売（う）りました。 오래된 책을 가게에 팔았어요.	
１週間（いっしゅうかん） 1주일 동안	日本（にほん）に１週間旅行（しゅうかんりょこう）しました。 일본에 일주일 동안 여행했어요.	
多（おお）**く** 크게	この商品（しょうひん）で多（おお）くのお金（かね）を浮（う）かせました。 이 상품으로 많은 돈을 절약했어요.	
浮（う）**かせる** 여분을 남기다, 절약하다	電気（でんき）を消（け）して、お金（かね）を浮（う）かせましょう。 전기를 끄고 돈을 절약합시다.	
できる 생기다	急（きゅう）に仕事（しごと）ができました。 갑자기 일이 생겼어요.	
静（しず）**かに** 조용히, 조용하게	図書館（としょかん）では静（しず）かにしてください。 도서관에서는 조용히 해 주세요.	
井戸（いど） 우물	昔（むかし）、この村（むら）には井戸（いど）がありました。 예전에 이 마을에는 우물이 있었어요.	

XXIV

８日間（ようかかん） 8일 동안	日本（にほん）に８日間旅行（ようかかんりょこう）しました。 일본에 8일 동안 여행했어요.	
なくなる 없어지다, 다 떨어지다	お金（かね）がなくなりました。 돈이 다 떨어졌어요.	
思（おも）**い出**（だ）**す** 생각해 내다, 떠올리다	子（こ）どものころを思（おも）い出（だ）しました。 어린 시절을 떠올렸어요.	

どこかに 어딘가에	カギをどこかに置きましたか？ 열쇠를 어딘가에 두었나요?
隠れる 숨다, 보이지 않게 숨다	猫がベッドの下に隠れています。 고양이가 침대 아래에 숨어 있어요.
眠い 졸리다	昨日よく寝なかったので、とても眠いです。 어제 잘 못 자서 아주 졸려요.
抱き抱える 끌어안다, 껴안다	子どもを抱き抱えて寝かせました。 아이를 끌어안고 재웠어요.
眠る 잠들다, 자다	赤ちゃんが静かに眠っています。 아기가 조용히 잠들어 있어요.
きっと 꼭, 틀림없이	明日はきっと晴れますよ。 내일은 꼭 맑을 거예요.

XXV

無理をする 무리를 하다	無理をしないで、休んでください。 무리하지 말고 쉬세요.
汲みあげる (물 등) 퍼 올리다	井戸の水を汲みあげました。 우물에서 물을 퍼 올렸어요.
方法 방법	いい方法を教えてください。 좋은 방법을 알려 주세요.
学ぶ 배우다	学校で日本語を学んでいます。 학교에서 일본어를 배우고 있어요.
口輪 입마개	犬に口輪をつけました。 개에게 입마개를 씌웠어요.
作る 만들다	母は朝ご飯を作っています。 엄마는 아침밥을 만들고 있어요.
なんだか 어쩐지, 왜 그런지	なんだかさびしい気持ちです。 왠지 외로운 느낌이에요.
感じがする 느낌이 들다	この部屋は寒い感じがします。 이 방은 추운 느낌이 들어요.

企む たくらむ 꾸미다, 꾀하다	彼は何かを企んでいるようです。 그는 뭔가를 꾸미고 있는 것 같아요.	
経つ たつ (시간이) 지나다	日本に来てから3年が経ちました。 일본에 온 지 3년이 지났어요.	
機械 きかい 기계	新しい機械が会社に入りました。 회사에 새로운 기계가 들어왔어요.	
待つ まつ 기다리다	友達を駅で待っています。 친구를 역에서 기다리고 있어요.	

XXVI

座る すわる 앉다	ここに座ってください。 여기 앉아 주세요.
苦しめる くるしめる 괴롭히다, 고통을 주다	その言葉は人を苦しめます。 그 말은 사람을 괴롭게 해요.
弱る よわる 약해지다, 쇠약해지다	年をとって体が弱ってきました。 나이가 들어 몸이 약해졌어요.
世話をする せわをする 돌보다, 보살피다	私は犬の世話をしています。 저는 개를 돌보고 있어요.
直る なおる 고쳐지다	パソコンはもう直りました。 컴퓨터는 이미 고쳐졌어요.
大好きだ だいすきだ 매우 좋아하다	私は日本のアニメが大好きです。 저는 일본 애니메이션을 매우 좋아해요.
いつまでも 언제까지나	いつまでも友達でいましょう。 언제까지나 친구로 지내요.
違う ちがう 다르다, 틀리다	あなたの考えは私と違います。 당신의 생각은 저와 달라요.
怖がる こわがる 두려워하다	子どもが犬を怖がっています。 아이가 개를 무서워하고 있어요.
感じる かんじる 느끼다	友だちの大切さを感じた。 친구의 소중함을 느꼈다.

迷う 망설이다, 헤매다	道に迷いました。 길을 잃었어요.	
立ち上がる 일어서다	彼はゆっくりと立ち上がりました。 그는 천천히 일어섰어요.	
踏み出す 걸음을 내딛다	新しい一歩を踏み出しました。 새로운 한 걸음을 내디뎠어요.	
ひらめく 번뜩이다, 순간적으로 반짝이다	いいアイデアがひらめきました。 좋은 아이디어가 떠올랐어요.	
ゆっくりと 천천히	ゆっくりと話してください。 천천히 말해 주세요.	
倒れる 넘어지다, 쓰러지다	彼は疲れて倒れました。 그는 피곤해서 쓰러졌어요.	

XXVII

落ち着く 진정이 되다	少し休んで、落ち着きました。 조금 쉬고 나서 진정되었어요.	
遺体 시체, 시신	山で遺体が見つかりました。 산에서 시신이 발견되었습니다.	
見つかる 찾게 되다	なくしたかぎが見つかりました。 잃어버린 열쇠를 찾았어요.	
起こる 일어나다	昨日、大きな事故が起こりました。 어제 큰 사고가 일어났어요.	
考える 생각하다	これからのことを考えましょう。 앞으로의 일을 생각합시다.	
金 금, 금색	彼は金の時計をしています。 그는 금색 시계를 차고 있어요.	
髪 머리	あの人の髪はとても長いです。 저 사람의 머리카락은 아주 길어요.	
優しくする 친절하게 대하다	子どもに優しくしてください。 아이에게 친절하게 대해 주세요.	

星の王子さま

어휘 단어장

초중급편

I

夢中だ 열중하다, 몰두하다
彼は本を読むことに夢中で、時間が過ぎるのも気づかなかった。
그는 책 읽기에 몰두하느라 시간이 가는 것도 몰랐다.

野生動物 야생동물
この森には珍しい野生動物が多く住んでいる。
이 숲에는 희귀한 야생동물이 많이 산다.

丸呑み 씹지 않고 삼킴, 통째로 삼킴
大きな魚が、小さな魚を一口で丸呑みにした。
큰 물고기가 작은 물고기를 한입에 통째로 삼켰다.

載る 실리다, 게재되다
その記事は明日の新聞に載る予定だ。
그 기사는 내일 신문에 실릴 예정이다.

考え込む 깊게 생각하다
彼は質問の答えを出せず、しばらく考え込んでしまった。
그는 질문에 답하지 못하고 잠시 깊이 생각해 버렸다.

描く 그리다
子供の頃、私は星空を描くのが好きだった。
어렸을 때 나는 밤하늘을 그리는 것을 좋아했다.

操縦士 조종사
操縦士は冷静に飛行機を着陸させた。
조종사는 침착하게 비행기를 착륙시켰다.

知識 지식
知識は使わなければすぐに忘れてしまう。
지식은 사용하지 않으면 금방 잊어버린다.

交流する 교류하다
異なる文化の人々と交流することは、自分の世界を広げる。
다른 문화의 사람들과 교류하는 것은 자신의 세계를 넓힌다.

変わる 바뀌다
季節が変わるたびに、この町の景色も変わっていく。
계절이 바뀔 때마다 이 마을의 풍경도 변해 간다.

試す 시험하다
新しい方法を試してみる価値はある。
새로운 방법을 시도해 볼 가치는 있다.

話題 화제
その映画は今、一番の話題になっている。
그 영화는 지금 가장 큰 화제가 되고 있다.

II

本気で 진짜로, 정말로
彼は本気でその夢をかなえようとしている。
그는 진심으로 그 꿈을 이루려고 하고 있다.

生きる 살다	誰もが自分らしく生きる権利を持っている。 누구나 자기답게 살 권리를 가지고 있다.
修理 수리	古い時計を修理して、また動くようにした。 오래된 시계를 수리해서 다시 움직이게 했다.
覚悟 각오	危険な旅に出る覚悟はできている。 위험한 여행에 나설 각오는 되어 있다.
目を覚ます 눈을 뜨다	鳥の鳴き声で目を覚ました。 새소리에 눈을 떴다.
真剣に 진지하게	彼は真剣に将来のことを考えている。 그는 진지하게 장래에 대해 생각하고 있다.
見つめる 바라보다	少年は夕日の海をじっと見つめていた。 소년은 저녁노을 진 바다를 가만히 바라보고 있었다.
気に入る 마음에 들다	この色はとても気に入った。 이 색깔은 정말 마음에 든다.
場所を取る 장소를 차지하다	大きな荷物が部屋の場所を取っている。 큰 짐이 방의 공간을 차지하고 있다.
失敗 실패	失敗しても、あきらめなければ成功に近づく。 실패하더라도 포기하지 않으면 성공에 가까워진다.
箱 상자	小さな箱の中に手紙が入っていた。 작은 상자 안에 편지가 들어 있었다.
近づける 가까이 가다	子供たちは川に近づけないようにロープが張られている。 아이들이 강에 가까이 가지 못하도록 밧줄이 쳐져 있다.
出会う 만나다	旅の途中で思いがけない人に出会った。 여행 중에 뜻밖의 사람을 만났다.

III

質問 질문	先生に質問をしてもいいですか。 선생님께 질문해도 될까요?
流す 흘리다, 흐르게 하다	涙を流しながら、その話を聞いた。 눈물을 흘리면서 그 이야기를 들었다.

飛ぶ 날다	鳥が青い空を自由に飛んでいる。 새가 푸른 하늘을 자유롭게 날고 있다.	
説明 설명	彼は計画の内容を詳しく説明した。 그는 계획의 내용을 자세히 설명했다.	
控えめ 조심함, 소극적인	彼女は控えめな態度で話した。 그녀는 조심스러운 태도로 말했다.	
傷つく 상처입다	その言葉で彼の心が傷ついた。 그 말로 그의 마음이 상했다.	
代わりに 대신에	今日の会議には、私の代わりに彼が出席する。 오늘 회의에는 나 대신 그가 참석한다.	
地球 지구	地球は太陽のまわりを回っている。 지구는 태양 주위를 돌고 있다.	
尋ねる 묻다	道を尋ねるために近くの人に声をかけた。 길을 묻기 위해 근처 사람에게 말을 걸었다.	
逃げる 도망가다	猫が大きな犬から逃げていった。 고양이가 큰 개에게서 도망갔다.	
つなぐ (동물을)묶다, 잇다	牛を木に縄でつないだ。 소를 나무에 줄로 묶었다.	
提案 제안	新しい計画を提案した。 새로운 계획을 제안했다.	
歩き回る 걸어서 돌아다니다	町を歩き回って、お土産を探した。 마을을 걸어서 돌아다니며 기념품을 찾았다.	
問題になる 문제가 되다	それは学校でも大きな問題になった。 그것은 학교에서도 큰 문제가 되었다.	
付け加える 덧붙이다	最後に一言付け加えたい。 마지막으로 한마디 덧붙이고 싶다.	

IV

ふるさと 고향	休みの日には、よくふるさとの川で遊んだ。 쉬는 날이면 자주 고향의 강에서 놀았다.	

小惑星 (しょうわくせい) 소행성	その小惑星は数年後に地球に接近する。 그 소행성은 몇 년 후 지구에 접근한다.
望遠鏡 (ぼうえんきょう) 망원경	夜空を望遠鏡でのぞくと、無数の星が見える。 망원경으로 밤하늘을 들여다보면, 수많은 별이 보인다.
番号 (ばんごう) 번호	この書類には番号を付けてください。 이 서류에는 번호를 붙여 주세요.
付ける (つける) 붙이다	壁に写真を付けた。 벽에 사진을 붙였다.
存在する (そんざいする) 존재하다	愛は目に見えないが、確かに存在する。 사랑은 눈에 보이지 않지만, 분명히 존재한다.
証拠 (しょうこ) 증거	その証拠があれば、彼の無実を証明できる。 그 증거가 있으면 그의 무죄를 증명할 수 있다.
肩をすくめる (かたをすくめる) 어깨를 으쓱하다	彼は困ったように肩をすくめた。 그는 곤란하다는 듯 어깨를 으쓱했다.
扱い (あつかい) 취급	この商品は扱いに注意が必要です。 이 상품은 취급할 때 주의가 필요해요.
経つ (たつ) (시간이)경과하다	その事件から10年が経った。 그 사건으로부터 10년이 지났다.
似ている (にている) 닮다	あの兄弟は顔も性格もよく似ている。 그 형제는 얼굴도 성격도 많이 닮았다.
もはや 이제는, 어느새	彼はもはや昔の彼ではない。 그는 이제 더 이상 예전의 그가 아니다.
年をとる (としをとる) 나이를 먹다	人は誰でも年をとる。 사람은 누구나 나이를 먹는다.

#

やぶ 덤불	やぶの中から小さな動物が飛び出した。 덤불 속에서 작은 동물이 튀어나왔다.
危ない (あぶない) 위험하다	そこは危ないから近づかないほうがいい。 그곳은 위험하니 가까이 가지 않는 게 좋다.

気をつける 조심하다	夜道を歩くときは気をつけてください。 밤길을 걸을 때는 조심하세요.	
大事だ 중요하다	健康は何よりも大事だ。 건강은 무엇보다도 중요하다.	
植物 식물	庭に新しい植物を植えた。 정원에 새로운 식물을 심었다.	
種 씨앗	この種をまけば、来年に花が咲く。 이 씨앗을 뿌리면 내년에 꽃이 핀다.	
壊す 망가뜨리다, 부수다	子供がボールで窓を壊してしまった。 아이들이 공으로 창문을 부숴 버렸다.	
だめにする 못 쓰게 하다	コーヒーをこぼして、新しい本をだめにしてしまった。 커피를 쏟아서 새 책을 못 쓰게 해 버렸다.	
怠け者 게으름뱅이	彼は怠け者だけど、必要な時はちゃんと働く。 그는 게으름뱅이지만 필요할 때는 제대로 일한다.	
後回し 뒤로 미룸	宿題を後回しにすると、あとで大変になる。 숙제를 미루면 나중에 힘들어진다.	
別だ 별개다, 다르다	それは前の話とは別だ。 그건 전의 이야기와는 별개다.	
災難 재난	災難はいつやってくるかわからない。 재난은 언제 닥칠지 모른다.	
形 형태, 모양	雲の形が動物のように見える。 구름의 모양이 동물처럼 보인다.	
簡単だ 간단하다	この問題は簡単だと思う。 이 문제는 간단하다고 생각한다.	
感じる 느끼다	彼の優しさを深く感じた。 그의 다정함을 깊이 느꼈다.	

VI

生活 생활, 삶	都会での生活にも少しずつ慣れてきた。 도시에서의 생활에도 조금씩 익숙해졌다.	

気がする 느낌이 들다, 생각이 들다	今日は何かいいことが起こりそうな気がする。 오늘은 뭔가 좋은 일이 일어날 것 같은 기분이 든다.	
夕焼け 저녁노을, 석양	海に沈む夕焼けがとてもきれいだ。 바다에 지는 저녁노을이 매우 아름답다.	
だって 하지만, 그래도, 그럴 것이	行きたくないよ、だって雨が降っているんだもの。 가고 싶지 않아, 왜냐하면 비가 오고 있으니까.	
気をまぎらわせる 기분전환하다, 주의를 돌리다	音楽を聴いて気をまぎらわせた。 음악을 들으며 기분 전환을 했다.	
動かす 움직이게 하다, 옮기다	椅子を少し横に動かしてくれる？ 의자를 조금 옆으로 옮겨 줄래?	
望む 바라다, 원하다	誰だって幸せな人生を望んでいる。 누구나 행복한 인생을 바라고 있다.	
特に 특히	この本は特に子供たちに人気がある。 이 책은 특히 아이들에게 인기가 있다.	

VII

秘密 비밀	これは誰にも言わないで、秘密にしてね。 이건 누구에게도 말하지 말고 비밀로 해 줘.	
ためらう 망설이다, 주저하다	彼は返事をためらった。 그는 대답을 망설였다.	
とげ 가시	バラの茎にはとげがある。 장미 줄기에는 가시가 있다.	
いら立つ 초조해하다, 짜증나다	待たされて、だんだんいら立ってきた。 기다리다 보니 점점 초조해지고 짜증이 났다.	
意味 의미	その言葉の本当の意味を知っていますか。 그 말의 진짜 의미를 알고 있나요?	
意地悪に 심술궂게	彼は意地悪に笑った。 그는 심술궂게 웃었다.	
育つ 자라다	花は太陽の光でよく育つ。 꽃은 태양 빛을 받아 잘 자란다.	

反論する 반론하다	彼の意見に反論する人はいなかった。 그의 의견에 반론하는 사람은 없었다.	
守る 지키다	約束は必ず守らなければならない。 약속은 반드시 지켜야 한다.	
怒る 화내다	小さなことで怒らないほうがいい。 사소한 일로는 화내지 않는 게 좋다.	
大切だ 소중하다	家族は私にとって一番大切だ。 가족은 나에게 가장 소중하다.	
伝える 전하다	手紙で気持ちを伝えた。 편지로 마음을 전했다.	
深く 깊게	彼は深く息を吸った。 그는 깊게 숨을 들이마셨다.	
口輪 입마개	犬に口輪をつけた。 개에게 입마개를 씌웠다.	
約束 약속	明日会うという約束をした。 내일 만나기로 약속했다.	
涙 눈물	彼女の目から涙がこぼれた。 그녀의 눈에서 눈물이 흘렀다.	

VIII

咲く (꽃이)피다	春になると庭の花が一斉に咲く。 봄이 되면 정원의 꽃이 한꺼번에 핀다.	
飾る 장식하다	部屋を花で飾った。 방을 꽃으로 장식했다.	
注意深く 주의 깊게	注意深く道を渡った。 주의 깊게 길을 건넜다.	
見守る 지켜보다	母は子供の成長を静かに見守っていた。 어머니는 아이의 성장을 조용히 지켜보고 있었다.	
やがて 머지않아, 얼마 안 있어	雨はやがて雪に変わった。 비는 머지않아 눈으로 바뀌었다.	

誇りに思う 자랑스럽게 생각하다	息子の努力を誇りに思う。 아들의 노력을 자랑스럽게 생각한다.	
虚栄心 허영심	彼は虚栄心が強く、自分をよく見せたがる。 그는 허영심이 강해, 자신을 잘 보이려고 한다.	
鏡 거울	鏡に映った自分の顔を見た。 거울에 비친 자신의 얼굴을 보았다.	
嘘 거짓말	嘘をつくのはよくない。 거짓말을 하는 것은 좋지 않다.	
困らせる 곤란하게 하다, 괴롭히다	いたずらで友達を困らせた。 장난으로 친구를 곤란하게 했다.	
疑う 의심하다	彼の話を少し疑った。 그의 이야기를 조금 의심했다.	
耳を傾ける 귀를 기울이다	先生の話に耳を傾けた。 선생님의 이야기에 귀를 기울였다.	
打ち明ける 모두 털어놓다	友達に悩みを打ち明けた。 친구에게 고민을 모두 털어놓았다.	
判断する 판단하다	状況をよく見てから判断したほうがいい。 상황을 잘 보고 판단하는 게 좋다.	
矛盾 모순	彼の意見には少し矛盾がある。 그의 의견에는 약간의 모순이 있다.	

IX

渡り鳥 철새	秋になると渡り鳥が南へ向かう。 가을이 되면 철새가 남쪽으로 향한다.	
群れ 무리	魚の群れが海の中を通り過ぎた。 물고기 무리가 바닷속을 지나갔다.	
借りる 빌리다	図書館で本を借りた。 도서관에서 책을 빌렸다.	
旅立つ 여행을 떠나다, 새출발하다	彼は新しい夢を胸に旅立った。 그는 새로운 꿈을 안고 여행을 떠났다.	

出発 しゅっぱつ	午前9時に出発する予定だ。
출발	오전 9시에 출발할 예정이다.

掃除 そうじ	週末に部屋を掃除した。
청소	주말에 방을 청소했다.

火山 かざん	火山が噴火して、近くの村に避難命令が出た。
화산	화산이 폭발해, 근처 마을에 대피 명령이 내려졌다.

芽 め	庭の土から小さな芽が出た。
싹	정원 흙에서 작은 싹이 나왔다.

幸せになる しあわ	誰でも幸せになれる権利がある。
행복해지다	누구나 행복해질 권리가 있다.

我慢する がまん	痛みを我慢して試合に出た。
견디다, 참다	아픔을 참고 시합에 나갔다.

別れ わか	涙の中で別れを告げた。
이별	눈물 속에서 이별을 고했다.

ぐずぐず	ぐずぐずしていると電車に間に合わないよ。
꾸물꾸물	꾸물대다 보면 기차를 놓친다.

プライド	彼はプライドが高く、人に助けを求めない。
자존심, 프라이드	그는 자존심이 강해서 다른 사람에게 도움을 구하지 않는다.

旅する たび	世界中を旅するのが夢だ。
여행하다	전 세계를 여행하는 것이 꿈이다.

訪れる おとず	友人の家を訪れた。
방문하다	친구의 집을 방문했다.

こだわる	小さなことにこだわらないほうが楽だ。
구애되다	사소한 일에 구애되지 않는 편이 편하다.

治める おさ	王は国を上手に治めた。
지배하다, 다스리다	왕은 나라를 잘 다스렸다.

主張する しゅちょう	彼は自分の考えを強く主張した。
주장하다	그는 자신의 생각을 강하게 주장했다.

許す 용서하다	過去のことを許すのは難しい。 과거의 일을 용서하는 것은 어렵다.
断る 거절하다	招待を断った。 초대를 거절했다.
裁く 재판하다, 시비를 가리다	公平に人を裁くことは難しい。 공정하게 사람을 재판하는 것은 어렵다.
ずっと 훨씬, 매우, 아주	昨日より今日はずっと暖かい。 어제보다 오늘이 훨씬 따뜻하다.
島 섬	海に囲まれた小さな島に住んでいる。 바다에 둘러싸인 작은 섬에 살고 있다.
思い出す 생각해 내다	子供のころの思い出をよく思い出す。 어릴 적 추억을 자주 떠올린다.
繰り返す 반복하다	同じ失敗を繰り返さないようにしよう。 같은 실수를 반복하지 않도록 하자.

XI

うぬぼれ屋 허영심 많은 사람	彼はうぬぼれ屋で、自分の話ばかりする。 그는 허영심이 많아서 자기 이야기만 한다.
やってくる 다가오다, 찾아오다	冬になると、この町にも雪がやってくる。 겨울이 되면 이 마을에도 눈이 찾아온다.
褒める 칭찬하다	先生が私の絵を褒めてくれた。 선생님이 내 그림을 칭찬해 주셨다.
あいさつ 인사	朝、近所の人にあいさつをした。 아침에 이웃에게 인사를 했다.
拍手する 박수를 치다	観客が大きな声で拍手した。 관객이 큰 소리로 박수를 쳤다.
振り上げる 치켜들다, 번쩍 올리다	彼はこぶしを振り上げて叫んだ。 그는 주먹을 번쩍 올리고 외쳤다.
退屈だ 지루하다, 따분하다	雨の日は退屈だ。 비 오는 날은 지루하다.

落ちる 떨어지다	木の枝からりんごが落ちた。 나뭇가지에서 사과가 떨어졌다.	
結局 결국	何度も考えたが、結局行かないことにした。 여러 번 고민했지만, 결국 가지 않기로 했다.	
旅立つ 여행을 떠나다	彼は新しい世界を求めて旅立った。 그는 새로운 세계를 찾아 여행을 떠났다.	
旅路 여행길	長い旅路の果てに、彼は故郷に戻った。 긴 여행길 끝에 그는 고향으로 돌아왔다.	

XII

飲んだくれ 주정뱅이, 술꾼	彼は町で有名な飲んだくれだ。 그는 마을에서 유명한 술꾼이다.
訪問 방문	友人の家を訪問した。 친구의 집을 방문했다.
助ける 돕다	川でおぼれている子供を助けた。 강에서 익사할 뻔한 아이를 도왔다.
口を閉じる 입을 다물다	彼は何も言わずに口を閉じた。 그는 아무 말 없이 입을 다물었다.
こんがらがる 혼란스럽다	話がこんがらがって、何が本当かわからない。 이야기가 뒤엉켜서 무엇이 진짜인지 모르겠다.
続ける 계속하다	雨の日も練習を続けた。 비 오는 날에도 연습을 계속했다.
不思議だ 이상하다, 희한하다	彼がそこにいたのは不思議だ。 그가 거기에 있었던 것은 이상하다.

XIII

ビジネスマン 사업가	彼は成功したビジネスマンだ。 그는 성공한 사업가다.
構う 상관하다	小さなことは気にしないで、構わないよ。 사소한 일은 신경 쓰지 마, 상관없어.

数(かぞ)える (수를)세다	指(ゆび)で星(ほし)の数(かず)を数(かぞ)えた。 손가락으로 별의 수를 셌다.	
最初(さいしょ) 처음, 최초	最初(さいしょ)に会(あ)った日(ひ)のことを覚(おぼ)えている。 처음 만난 날을 기억하고 있다.	
思(おも)いつく 생각이 떠오르다	いいアイデアを思(おも)いついた。 좋은 아이디어가 떠올랐다.	
信(しん)じる 믿다	友達(ともだち)を信(しん)じることにした。 친구를 믿기로 했다.	
感動(かんどう)する 감동하다	その映画(えいが)に感動(かんどう)して涙(なみだ)が出(で)た。 그 영화에 감동해서 눈물이 났다.	
持(も)ち歩(ある)く 들고 다니다	いつも水筒(すいとう)を持(も)ち歩(ある)いている。 항상 물통을 들고 다닌다.	
十分(じゅうぶん)だ 충분하다	これで十分(じゅうぶん)だと思(おも)う。 이것으로 충분하다고 생각한다.	
所有者(しょゆうしゃ) 소유자	この土地(とち)の所有者(しょゆうしゃ)は誰(だれ)ですか。 이 땅의 소유자는 누구입니까?	
役(やく)に立(た)つ 도움이 되다	この本(ほん)は勉強(べんきょう)に役(やく)に立(た)つ。 이 책은 공부에 도움이 된다.	
言(い)い返(かえ)す 말을 되받다, 말대답하다	彼(かれ)はすぐに言(い)い返(かえ)す性格(せいかく)だ。 그는 바로 말대답하는 성격이다.	
変(へん)だ 이상하다	それはちょっと変(へん)だと思(おも)う。 그건 조금 이상하다고 생각한다.	

XIV

灯(あか)り 불빛	窓(まど)からやさしい灯(あか)りがもれている。 창문에서 부드러운 불빛이 새어 나온다.	
係(かかり) 담당자	この件(けん)の係(かかり)は田中(たなか)さんです。 이 건의 담당자는 다나카 씨입니다.	
決(き)まり 결정, 규칙	学校(がっこう)には守(まも)るべき決(き)まりがある。 학교에는 지켜야 할 규칙이 있다.	

回る 돌다	地球は太陽のまわりを回っている。 지구는 태양 주위를 돈다.	
太陽 태양	太陽が昇ると、新しい一日が始まる。 태양이 떠오르면 새로운 하루가 시작된다.	
楽しむ 즐기다	休日は自然の中で散歩を楽しんでいる。 휴일에는 자연 속에서 산책을 즐기고 있다.	
眠る 잠들다, 자다	彼は本を読みながら眠ってしまった。 그는 책을 읽다가 잠들어 버렸다.	
自分勝手 제멋대로 함	彼は自分勝手な行動ばかりする。 그는 제멋대로 행동만 한다.	
滞在 체재, 체류	京都に一週間滞在する予定だ。 교토에 일주일간 체류할 예정이다.	
ため息をつく 한숨을 쉬다	彼は大きくため息をついた。 그는 크게 한숨을 쉬었다.	
唯一 유일	これは私にとって唯一の宝物だ。 이것은 나에게 유일한 보물이다.	
込み上げる 북받치다, 울컥거리다	卒業式で涙が込み上げた。 졸업식에서 눈물이 울컥 솟았다.	
恋しい 그립다	ふるさとの友達が恋しい。 고향 친구들이 그립다.	

XV

地理学者 지리학자	彼は世界地図を作る有名な地理学者だ。 그는 세계 지도를 만드는 유명한 지리학자다.	
探検する 탐험하다	南極を探検するチームが出発した。 남극을 탐험하는 팀이 출발했다.	
信頼 신뢰	彼は信頼できる友人だ。 그는 신뢰할 수 있는 친구다.	
情報 정보	最新の情報を集めている。 최신 정보를 모으고 있다.	

提供する 제공하다	このレストランは新鮮な魚料理を提供している。 이 레스토랑은 신선한 생선 요리를 제공하고 있다.	
要求する 요구하다	彼は会社にもっと給料を上げるよう要求した。 그는 회사에 월급 인상을 요구했다.	
儚い 덧없다, 허무하다	花の命は儚い。 꽃의 생명은 덧없다.	
記録する 기록하다	会議の内容をノートに記録した。 회의 내용을 노트에 기록했다.	
永遠 영원	この思い出は永遠に忘れない。 이 추억은 영원히 잊지 않겠다.	
ひとりぼっち 외톨이	彼は外国でひとりぼっちの生活を送った。 그는 외국에서 외톨이 생활을 했다.	
後悔する 후회하다	もっと勉強しなかったことを後悔している。 더 공부하지 않은 것을 후회하고 있다.	

XVI

含める 포함시키다	この料金には朝食も含めてください。 이 요금에는 아침 식사도 포함해 주세요.	
明るくする 밝게 하다	部屋を明るくするためにカーテンを開けた。 방을 밝게 하려고 커튼을 열었다.	
大陸 대륙	アジアは世界で一番大きな大陸だ。 아시아는 세계에서 가장 큰 대륙이다.	
働く 일하다	彼は銀行で働いている。 그는 은행에서 일하고 있다.	
順番に 차례대로	順番に名前を呼びます。 차례대로 이름을 부르겠습니다.	
仲間 동료	学生時代の仲間と今も交流している。 학생 시절의 동료와 지금도 교류하고 있다.	
ゆとり 여유	毎日の生活に少しのゆとりがほしい。 매일의 생활에 조금의 여유가 필요하다.	

XVII

賢い 현명하다, 영리하다	彼はとても賢い子供だ。 그는 아주 영리한 아이이다.	
嘘をつく 거짓말을 하다	嘘をつくと信頼を失う。 거짓말을 하면 신뢰를 잃는다.	
完全に 완전히	計画は完全に成功した。 계획은 완전히 성공했다.	
正直だ 정직하다	彼はとても正直な人だ。 그는 매우 정직한 사람이다.	
占める 차지하다, 점유하다	この会社は市場の半分を占めている。 이 회사는 시장의 절반을 차지하고 있다.	
空間 공간	この空間は会議室として使われている。 이 공간은 회의실로 사용되고 있다.	
わずか 얼마 안 되는 모양	わずかな時間でその仕事を終えた。 얼마 안 되는 시간에 그 일을 끝냈다.	
間違う 잘못되다, 틀리다	知らない人を友達と間違った。 모르는 사람을 친구로 착각했다.	
ぴったり 꼭, 딱	その服は君にぴったりだ。 그 옷은 너에게 꼭 맞는다.	
くっつく 달라붙다, 들러붙다	ガムが靴にくっついた。 껌이 신발에 들러붙었다.	
広場 광장	広場で祭りが開かれている。 광장에서 축제가 열리고 있다.	
着陸する 착륙하다	飛行機が無事に着陸した。 비행기가 무사히 착륙했다.	
帰す 돌려보내다, 돌아가게 하다	子供を家に帰した。 아이를 집으로 돌려보냈다.	
黙り込む 입을 다물고 있다	彼は何も言わずに黙り込んだ。 그는 아무 말 없이 입을 다물었다.	

XVIII

さまよう
헤매다, 방황하다

森の中をさまよった。
숲속을 헤맸다.

輪
송이(꽃이나 바퀴 등을 세는 단위)

バラの花を三輪もらった。
장미꽃 세 송이를 받았다.

丁寧に
정중하게

店員が丁寧に対応してくれた。
점원이 정중하게 응대해 주었다.

通る
통과하다, 지나다

この道は町の中心を通っている。
이 길은 마을 중심을 지나고 있다.

風
바람

山から強い風が吹いてきた。
산에서 강한 바람이 불어왔다.

運ぶ
운반하다, 옮기다

荷物を車で運んだ。
짐을 차로 운반했다.

根っこ
뿌리

木の根っこが地面から見えている。
나무뿌리가 땅에서 드러나 있다.

困る
곤란하다

財布をなくして困っている。
지갑을 잃어버려 곤란하다.

XIX

登る
오르다

山に登って朝日を見た。
산에 올라 아침 해를 보았다.

全体
전체

全体の計画を見直す必要がある。
전체 계획을 다시 살펴볼 필요가 있다.

見渡す
전망하다, 조망하다

山頂から町を見渡した。
산정상에서 마을을 조망했다.

岩
바위

大きな岩の上に座った。
커다란 바위 위에 앉았다.

てっぺん
꼭대기, 정상

山のてっぺんに雪が積もっている。
산 꼭대기에 눈이 쌓여 있다.

こだま 메아리	こだまが山に響いた。 메아리가 산에 울려 퍼졌다.
返事する 대답하다	名前を呼ばれて返事をした。 이름이 불려서 대답했다.
想像力 상상력	小説を書くには想像力が必要だ。 소설을 쓰려면 상상력이 필요하다.
話しかける 말 걸다	友達に話しかけた。 친구에게 말을 걸었다.

XX

越える 넘다, 넘어가다	川を越えて向こうの村へ行った。 강을 건너 저쪽 마을로 갔다.
続く 계속되다, 지속되다	雨が三日間も続いている。 비가 사흘째 계속 내리고 있다.
そっくりだ 똑 닮았다	兄弟は顔も声もそっくりだ。 형제는 얼굴도 목소리도 똑 닮았다.
驚く 놀라다	大きな音に驚いた。 큰 소리에 놀랐다.
世界 세계	世界は広く、美しい場所がたくさんある。 세상은 넓고 아름다운 곳이 많다.
光景 광경	山の頂上からの光景は忘れられない。 산 정상에서의 광경은 잊을 수 없다.
ありふれた 흔해 빠지다, 어디에나 있다	ありふれた日常が一番幸せだ。 흔해 빠진 일상이 가장 행복하다.
偉大な 위대한	彼は偉大な音楽家として知られている。 그는 위대한 음악가로 알려져 있다.
寝転ぶ 아무렇게나 드러눕다	草の上に寝転んで空を見た。 풀 위에 드러누워 하늘을 보았다.
こぼす 흘리다, 엎지르다	テーブルに水をこぼした。 탁자 위에 물을 흘렸다.

XXI

瞬間 しゅんかん 순간	その瞬間、大きな地震が起こった。 그 순간 큰 지진이 일어났다.
狐 きつね 여우	森で狐を見かけた。 숲에서 여우를 보았다.
振り向く ふりむく 돌아보다	名前を呼ばれて振り向いた。 이름이 불려서 돌아보았다.
なつく 따르다, 친해지다	子犬がすぐになついた。 강아지가 금방 친해졌다.
我慢 がまん 참음, 견딤	我慢にも限界がある。 참음에도 한계가 있다.
近づく ちかづく 가까이 가다, 다가가다	鳥に近づくと飛び立った。 새에게 다가가자 날아올랐다.
ルール 규칙	ゲームにはいくつかのルールがある。 게임에는 몇 가지 규칙이 있다.
別れる わかれる 헤어지다	駅で友達と別れた。 역에서 친구와 헤어졌다.
責任 せきにん 책임	自分の行動には責任を持つべきだ。 자신의 행동에는 책임을 져야 한다.

XXII

分岐 ぶんき 분기, 가는 방향이 달라짐	この道は途中で分岐している。 이 길은 중간에서 갈라진다.
切り替える きりかえる 바꾸다, 전환하다	気持ちを切り替えて前に進もう。 마음을 전환하고 앞으로 나아가자.
旅行者 りょこうしゃ 여행객, 여행자	その町は旅行者でにぎわっている。 그 마을은 여행객들로 붐비고 있다.
列車 れっしゃ 열차	列車が駅に到着した。 열차가 역에 도착했다.

運転士 운전수, 기관사	運転士が安全を確認して発車した。 기관사가 안전을 확인하고 출발했다.	
反対 반대	彼の意見には反対だ。 그의 의견에는 반대다.	
方向 방향	鳥が南の方向へ飛んでいった。 새가 남쪽으로 날아갔다.	
戻る 돌아오다, 돌아가다	忘れ物を取りに家に戻った。 잊은 물건을 가지러 집에 돌아갔다.	
入れ替わる 교대하다, 교체하다	選手が交代で入れ替わった。 선수들이 교대로 교체되었다.	
あくびをする 하품하다	授業中にあくびをしてしまった。 수업 중에 하품해 버렸다.	
くっつける 붙이다, 들러붙게 하다	壁にポスターをくっつけた。 벽에 포스터를 붙였다.	
ぬいぐるみ 봉제인형	子供がぬいぐるみを抱いて寝ている。 아이가 봉제 인형을 안고 자고 있다.	

XXIII

商人 상인	商人が市場で品物を売っている。 상인이 시장에서 물건을 팔고 있다.	
喉の渇き 목마름	喉の渇きを水でいやした。 목마름을 물로 달랬다.	
抑える 억제하다	感情を抑えるのは難しい。 감정을 억제하는 것은 어렵다.	
効果 효과	この薬は風邪に効果がある。 이 약은 감기에 효과가 있다.	
粒 알(알갱이를 세는 단위)	米を一粒も残さず食べた。 쌀 한 알도 남기지 않고 먹었다.	
節約する 절약하다	電気を節約するために部屋の明かりを消した。 전기를 절약하기 위해 방의 불을 껐다.	

井戸 (いど) 우물	村には古い井戸が残っている。 마을에는 오래된 우물이 남아 있다.

XXIV

薬売り (くすりうり) 약 장수	薬売りが町を歩きながら薬を売っていた。 약 장수가 마을을 걸으며 약을 팔고 있었다.
一口 (ひとくち) 한 입	ケーキを一口食べた。 케이크를 한 입 먹었다.
飲み干す (のみほす) (남김없이)마셔 버리다	水をコップ一杯飲み干した。 물 한 컵을 남김없이 마셨다.
やがて 머지않아, 이윽고	雨はやがて雪に変わった。 비는 이윽고 눈으로 바뀌었다.
輝く (かがやく) 빛나다	夜空に星が輝いている。 밤하늘에 별이 빛나고 있다.
しわ 주름	額にしわが寄った。 이마에 주름이 잡혔다.
隠れる (かくれる) 숨다	猫がベッドの下に隠れた。 고양이가 침대 밑에 숨었다.
まさに 바로, 틀림없이	これはまさに奇跡だ。 이것은 바로 기적이다.
抱き上げる (だきあげる) 안아 올리다	赤ん坊を抱き上げた。 아기를 안아 올렸다.
壊れる (こわれる) 부서지다, 고장 나다	古い椅子が壊れた。 오래된 의자가 부서졌다.
宝物 (たからもの) 보물	この指輪は私の宝物だ。 이 반지는 나의 보물이다.
唇 (くちびる) 입술	彼女の唇が震えていた。 그녀의 입술이 떨리고 있었다.
微笑む (ほほえむ) 미소 짓다	子供に優しく微笑んだ。 아이에게 다정하게 미소 지었다.

愛情 (あいじょう) 애정	親の愛情は何よりも大切だ。 부모의 애정은 무엇보다도 소중하다.	

XXV

たどり着く (つ) 겨우 목적지에 다다르다	長い道のりを歩いて、ようやく目的地にたどり着いた。 긴 길을 걸어 드디어 목적지에 다다랐다.	
村 (むら) 마을	山のふもとに小さな村がある。 산기슭에 작은 마을이 있다.	
滑車 (かっしゃ) 도르래	滑車を使って重い荷物を持ち上げた。 도르래를 사용해 무거운 짐을 들어 올렸다.	
桶 (おけ) 통, 나무통	水を桶にくんできた。 통에 물을 길어 왔다.	
引き上げる (ひ あ) 끌어 올리다	ロープを引き上げて旗を掲げた。 밧줄을 끌어 올려 깃발을 걸었다.	
渡す (わた) 건네주다	手紙を彼に渡した。 편지를 그에게 건네주었다.	
求める (もと) 구하다, 바라다	彼は真実を求めて旅に出た。 그는 진실을 구하고자 여행을 떠났다.	
胸の奥 (むね おく) 마음속	その言葉が胸の奥に響いた。 그 말이 마음속 깊이 울렸다.	
締めつける (し) 단단히 죄다	ベルトをきつく締めつけた。 벨트를 단단히 조였다.	
離れる (はな) 떨어지다	家族と離れて暮らしている。 가족과 떨어져 살고 있다.	
赤らめる (あか) 붉히다	恥ずかしくて顔を赤らめた。 부끄러워서 얼굴을 붉혔다.	

XXVI

夕方 (ゆうがた) 저녁때	夕方になると空が赤く染まる。 저녁때가 되면 하늘이 붉게 물든다.	

横 (よこ) 옆	彼は私の横に座った。 그는 내 옆에 앉았다.
石垣 (いしがき) 돌담	庭のまわりに石垣が作られている。 정원 주변에 돌담이 쌓여 있다.
足跡 (あしあと) 발자국	砂浜に足跡が残っている。 모래사장에 발자국이 남아 있다.
抱きおろす (だきおろす) 안아서 내리다	赤ん坊を抱きおろした。 아기를 안아서 내렸다.
面倒を見る (めんどうをみる) 돌보아 주다, 보살피다	老人の面倒を見ている。 노인을 돌보고 있다.
怯える (おびえる) 겁먹다, 무서워 덜덜 떨다	雷の音に怯えた。 천둥소리에 겁먹었다.
夜空 (よぞら) 밤하늘	夜空に星が輝いている。 밤하늘에 별이 빛나고 있다.
安心する (あんしんする) 안심하다	無事だと聞いて安心した。 무사하다는 말을 듣고 안심했다.
腰をおろす (こしをおろす) 앉다	ベンチに腰をおろした。 벤치에 앉았다.
立ち上げる (たちあげる) 일어서다	彼は静かに立ち上がった。 그는 조용히 일어섰다.
踏み出す (ふみだす) 걸음을 내딛다	新しい一歩を踏み出した。 새로운 한 걸음을 내디뎠다.
ほんの 그저, 겨우	それはほんの冗談だ。 그건 그저 농담일 뿐이다.
倒れる (たおれる) 쓰러지다	疲れてソファに倒れた。 피곤해서 소파에 쓰러졌다.

XXVII

生きる (いきる) 살다, 생존하다	自分らしく生きることが大切だ。 자기답게 사는 것이 중요하다.

完全（かんぜん） 완전	計画は完全に成功した。 계획은 완전히 성공했다.	
確信する（かくしん） 확신하다	彼の話を聞いて確信した。 그의 이야기를 듣고 확신했다.	
遺体（いたい） 시신, 시체	遺体は静かに運ばれた。 시신은 조용히 운반되었다.	
眺める（ながめる） 바라보다, 전망하다	海を眺めながらコーヒーを飲んだ。 바다를 바라보며 커피를 마셨다.	
革紐（かわひも） 가죽 끈	革紐で荷物を縛った。 가죽 끈으로 짐을 묶었다.	
つける 부착시키다, 달다	カバンに名前の札をつけた。 가방에 이름표를 달았다.	
見守る（みまもる） 지켜보다, 주의하여 보다	母は子供を優しく見守っていた。 어머니는 아이를 다정하게 지켜보고 있었다.	
金色の髪（きんいろのかみ） 금색 머리(금발)	彼は金色の髪をなびかせて歩いていた。 그는 금발 머리를 휘날리며 걷고 있었다.	
知らせる（しらせる） 알리다, 통지하다	何か変化があれば私に知らせてください。 무슨 변화가 있으면 저에게 알려 주세요.	

어린 왕자 일본어판

星の王子さま - 日本語を学ぶあなたへ

초판 1쇄 발행 | 2025년 9월 10일
원작자 | 앙투안 드 생텍쥐페리

기획 | 미니학습지 콘텐츠 개발팀
감수 | 금정혜
디자인 | 백현지

발행인 | 안희철
펴낸곳 | 노이지콘텐츠(주)
출판등록 | 2014년 1월 17일 (등록번호 301-2014-015)
주소 | 서울특별시 금천구 디지털로 178, B동 1612-13호(가산동)
이메일 | info@noisycontents.com

ISBN 979-11-6614-842-2(13730)

정가 14,000 원

* 본 책은 저작권법에 의해 보호를 받는 저작물이므로 무단 전재와 복제를 금합니다.
* 잘못된 책은 구입처에서 교환하여 드립니다.

Le Petit Prince

필사 노트

Antoine de Saint-Exupéry

I

II

III

IV

v

VI

VII

VIII

IX

XI

XII

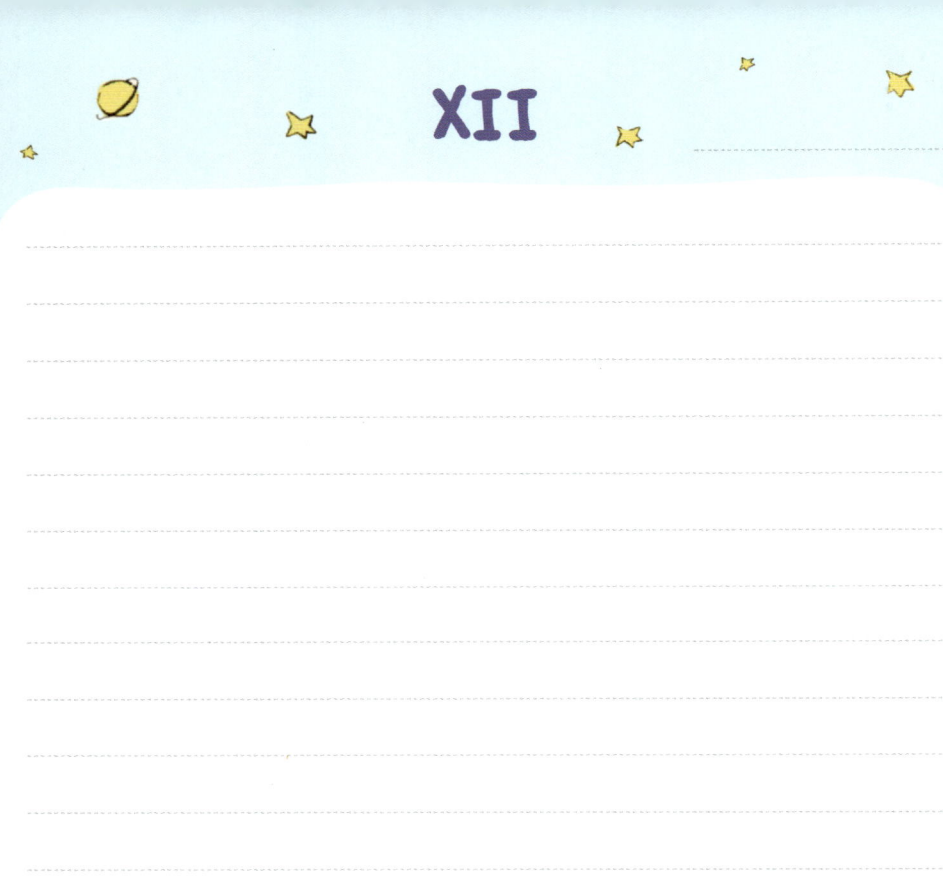

XIII

XIV

XV

XVI

XVII

XVIII

XIX

XXI

XXII

XXIII

XXIV

XXV

XXVI

XXVII